LOUIS DE VALLIÈRES

LES

MÉMOIRES

DE

ROSE POMPON

Première édition

PARIS

E. GENNEQUIN, LIBRAIRE-ÉDITEUR

11, RUE GIT-LE-CŒUR, 11

Tous droits réservés

MÉMOIRES

DE

ROSE POMPON

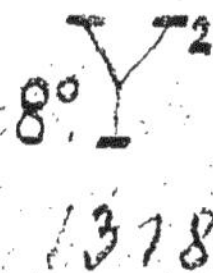

LOUIS DE VALLIÈRES

MÉMOIRES

DE

ROSE POMPON

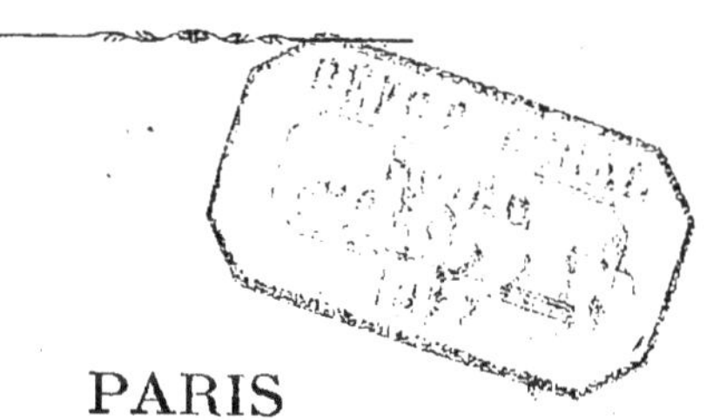

PARIS

LIBRAIRIE GENNEQUIN FILS, ÉDITEUR

11, RUE GIT-LE-CŒUR, 11

PROLOGUE

Je passais l'autre jour devant le bal Mabille : c'était la première fois depuis de longues années. Comment le hasard avait-il porté mes pas vers ce lieu que j'ai tant fréquenté dans ma jeunesse? c'est ce que je ne saurais dire : toujours est-il que j'éprouvai une sorte de vision ; il me semblait que tout mon passé se déroulait devant mes yeux et que je revoyais ces nuits folles où, plein de jeunesse et d'insouciance, je me laissais emporter par le plaisir.

Je n'imiterai pas ces vieillards qui, pour se venger de la jeunesse qui les fuit, se plaisent à vanter le passé en dénigrant le présent.

Je suis persuadé que les jolies femmes abondent encore à Mabille, que les folles amours s'ébauchent toujours sous le feuillage douteux de ses jardins et que les étrangers y viennent encore admirer la danse capricieuse des beautés du jour, mais je ne tiens pas à m'en assurer par moi-même, j'aurais peur de quelque désillusion et qu'iraient faire mes cheveux blancs au milieu de ce tourbillon?

Quand je fréquentais Mabille, c'était à l'époque à laquelle Gustave Nadaud fait allusion dans sa chanson, rimée sur l'air d'une polka qui faisait fureur alors :

> Pomaré, Maria,
> Mogador et Clara,
> A mes yeux enchantés,
> Apparaissez, belles divinités !

C'était l'époque où le grand Chicard, l'inventeur du cancan, était dans toute sa splendeur et faisait partie des curiosités de Paris que tout étranger qui se respectait devait visiter.

Infortuné Chicard ! tu as porté longtemps le sceptre de la danse folle et cynique, mais aujourd'hui que tes os reposent dans quelque coin ignoré, quel est celui de tes sujets qui songe encore à toi ?

Quelquefois ton nom est cité par quelques vieux libertins qui ne peuvent se déshabituer d'aller à Mabille; mais ta gloire, qu'ignore la génération actuelle, est éclipsée par les sauts épileptiques de Filandreux et de Grain-de-Sel.

Ta danse, à la fois capricieuse et artistique, personnifiait l'époque aimable qui s'est enfuie, époque où l'on ne rougissait pas de se passionner pour les belles chôses de l'art et de la littérature.

Notre époque de précision et de machines a de dignes représentants dans la danse mécanique et automatique de tes pâles successeurs.....

Je continuai mon chemin ; je sentais les idées mélancoliques m'envahir et, malgré mon âge, je préfère la gaieté aux idées noires.

Mais il était dit que ce jour-là était destiné aux choses extraordinaires.

En rentrant, je remarquai que ma brave gouvernante avait l'air triste et préoccupé.

— Diable! me dis-je, est-ce que la vieille Marthe aurait aussi fait un retour vers le passé ?

Je me mis à dévorer le dîner qu'elle m'avait préparé : je dois dire que Marthe pourrait fort bien être cuisinière chez un chanoine et que l'archevêque de Grenade eût fait honneur à sa science culinaire.

Quand j'eus fini de dîner, Marthe s'approcha :

— Monsieur a sans doute quelquefois rencontré dans l'escalier une dame d'un certain âge ?

— Ma foi, Marthe, je ne te cache pas que je ne regarde guère les dames de ce genre; un frais minois me séduit davantage et repose la vue.

— Cette dame est fort malade, continua Marthe sans s'émouvoir ; elle ne paraît pas heureuse ; je suis montée près d'elle pour lui donner quelques soins ; en parlant de choses et d'autres, je prononçai votre nom : elle parut émue, me fit répéter, et finit par me dire qu'elle serait bien heureuse si vous vouliez lui rendre visite : elle demeure au cinquième.

— Diable, c'est bien haut ! Quelle peut être cette dame ?

— Monsieur en a tant connu ! fit Marthe avec une certaine pointe de malice.

— C'est vrai, répondis-je en riant, il y a longtemps de cela ! Depuis bien des années, j'ai renoncé aux folles amours, non par sagesse, je l'avoue ; mais parce que j'ai appris à mes dépens que toute chose en ce bas monde a une fin..... Eh bien, je vais aller voir cette dame, et puisqu'elle ne paraît pas heureuse, prends une bouteille de bon vin, ainsi que ce plat auquel je n'ai pas touché et tu les lui donneras le plus discrètement possible.

Le logement qu'habitait cette dame n'était autre chose qu'une mansarde de douze pieds carrés ; un lit, quelques chaises et une table boiteuse en formaient tout l'ameublement.

En entrant j'aperçus, dans le lit, une femme décharnée, aux pommettes rougies par le feu intérieur qui la rongeait ; elle me tendit une main que je pris avec embarras : je ne reconnaissais pas cette femme.

Elle s'en aperçut.

— Vous ne me reconnaissez pas, me dit-elle d'un ton triste ; cela ne m'étonne pas ; je ne vous dirai pas mon véritable nom qui ne vous renseignerait guère, vous en saurez bien davantage lorsque je vous dirai que je suis Rose Pompon !

— Rose Pompon ! m'écriai-je, ce n'est pas possible.

— Malheureusement, c'est possible !

Quelle singulière coïncidence ! dans la journée, le hasard avait porté mes pas vers Mabille, là les images souriantes de ma jeunesse avaient défilé devant mon imagination réveillée, et le jour même je retrouvais Rose Pompon, l'une des héroïnes de ce bal fameux, agonisante sur un grabat.

Je n'avais eu aucune relation personnelle avec cette femme : elle était une habituée de Mabille et moi de même, nous nous connaissions de nous voir et de nous être rencontrés dans quelques-uns de ces soupers tapageurs dont le café Anglais et la Maison d'Or ont conservé le souvenir.

— Je sens que je n'ai que peu d'instants à vivre et c'est pourquoi j'ai voulu vous voir ; dans la vie agitée que j'ai menée, j'ai trouvé le temps de prendre des notes assez curieuses. Les voici, me dit-elle en tendant un rouleau de papier qu'elle tira de dessous la couverture, vous êtes homme de lettres et vous pourrez vous en servir pour reconstituer mes *Mémoires*. Ces *Mémoires* contiendront peut-être quelques enseignements pour celles qui seraient tentées de m'imiter.

J'abrége : Rose Pompon ne s'était pas trompée, malgré les soins que je lui fis prodiguer, elle ne tarda pas à expirer ; aujourd'hui elle repose dans un de nos cimetières parisiens.

J'ai compulsé les notes qu'elle m'a laissées, et c'est le résultat de ce travail que j'offre aujourd'hui au public.

I

Une jolie fille. — Rencontre de deux amoureux. — Où
l'on fait connaissance avec M. Demarsais. — Un dessert
orageux. — Où Rose Pompon arrive à ses fins. — Ce
que coûte une réconciliation. — Rose Pompon écrase
son père. — Comment M. Alphonse demande un rendez-vous.

Par une belle journée de mai, on pouvait voir
trottiner sur le pavé de la rue des Bourdonnais une
charmante jeune fille dont la mise semblait in-
diquer une demoiselle de magasin.

Sa beauté était de celles qui subjuguent en faisant naître le désir; tout l'ensemble, malgré l'air
de modestie qu'elle cherchait à se donner, respi-
rait la luxure; son œil était vif et intelligent; sa
chevelure noire et ondée; sa jambe était parfaitement moulée.

Sur son chemin, tous les hommes la remarquaient.

Elle arriva ainsi sur la place de la Bastille où se
tenait un coupé bleu. Elle s'en approcha et y
ayant vu un monsieur correctement vêtu, elle
monta près de lui, en baissant son voile.

— A la Tourelle, dit le monsieur au cocher.

Le coupé roula plus prompt que l'éclair : en vingt minutes, on était arrivé.

Au restaurant de la Tourelle se donnaient, à l'époque où se passe cette histoire, une foule de rendez-vous galants. C'était là que les gros négociants venaient faire leurs parties fines.

Le couple monta dans un cabinet au premier.

Un magnifique déjeuner fut servi : crevettes, poulet truffé, entremets sucrés, champagne frappé, etc., rien n'y manqua. L'amoureux et la maîtresse joutèrent à qui aurait le plus d'appétit.

Nous allons profiter de ce combat gastronomique pour faire connaître ce couple à nos lecteurs.

M. Demarsais était un des principaux négociants en toiles de Paris ; il s'était mis dans les affaires pour avoir une occupation et surtout pour se soustraire à la surveillance de sa femme qui l'aimait à la folie, mais qui était d'une jalousie effrénée. Il avait la manie de jouer au grand seigneur quoiqu'il fût quelque peu fesse-mathieu ; cependant il ne s'entendait pas aux affaires et au moment où commence ce récit il marchait vers la ruine ; il en était réduit à ces expédients pitoyables qui n'ont rien à démêler avec la morale.

La jeune fille qui était avec lui était une de ses demoiselles de magasin, dont il avait fait sa maîtresse par économie.

Rose — c'était le nom de la jeune fille — était une de ces natures faussées qui ne sont pas difficiles à pervertir ; depuis qu'elle avait quitté ses parents pour entrer chez M. Demarsais où elle était nourrie et couchée, elle s'arrangeait chaque soir à aller à Mabille où sa danse voluptueuse la fit bientôt remarquer et où elle reçut le nom de Rose Pompon, à cause du gros nœud de velours qu'elle portait dans sa coiffure.

Aussi, quand M. Demarsais voulut en faire sa maîtresse, il ne rencontra que la résistance strictement nécessaire, et depuis, les deux amants, quittant le magasin sous différents prétextes, se rencontraient fréquemment dans un de ces cabarets qui prêtent volontiers un asile aux amoureux, pendant que madame Demarsais, seule dans son appartement, soupirait après le retour de son mari et finissait par manger sans appétit un déjeuner à moitié froid.

En revenant, Demarsais prétextait les exigences des affaires, et mademoiselle Rose, elle aussi, attardée par les achats, avait dû, prétendait-elle, accepter le repas modeste d'un fournisseur.

Cependant on arrivait à la fin du déjeuner et une certaine préoccupation se peignait sur les traits de Rose Pompon.

— Vous paraissez soucieuse, lui dit Demarsais.

Les deux amants ne se tutoyaient pas. Dans leur liaison Demarsais était toujours un peu patron et Rose un peu employée.

Comme Rose ne répondait pas, Demarsais insista pour connaître la cause de cette réserve qui ne lui était pas habituelle.

— Moi, je n'ai rien, dit Rose, qui essaya de jouer l'indifférence.

— Mais si !

— Ah ! mon Dieu ! si vous tenez à le savoir, dit-elle brusquement, je pense à ma mère !

Ces mots jetés par cette fille sans pudeur dans ce cabinet dont les murs suintaient la débauche, résonnèrent singulièrement.

— Pourquoi diable ! me parlez-vous de votre mère ? dit Demarsais sans cacher sa mauvaise humeur. Votre mère a le mérite d'avoir donné le jour à une fille charmante.

— Eh bien, puisque cela vous déplaît que j'en parle, je vais vous entretenir de moi.

— Je préfère cela, dit Demarsais en jouant avec

les boucles de cheveux de Rose Pompon, qui les avait fort beaux.

Il était facile de voir que la jeune fille cherchait, comme on dit vulgairement, à se monter la tête.

Elle voulait une scène.

— Savez-vous, mon cher, dit-elle tout à coup à son amant, que vous êtes peu généreux, et que ces airs de grand seigneur que vous affectez, ne vous vont guère.

Cette sortie inattendue fit bondir Demarsais.

— Ainsi je suis une jeune fille, continua Rose Pompon sans s'émouvoir, que vous enlevez à l'affection de sa famille; à laquelle vous donnez des goûts dispendieux, l'amour de la toilette, et que vous gardez dans vos magasins aux appointements de quatre-vingts francs par mois. Cette conduite est-elle celle d'un homme qui se respecte?

— Rose, dit Demarsais en affectant un air digne, comment, vous me reprochez de vous avoir respectée, de ne pas vous avoir mise au rang des femmes d'argent?...

— Ta! ta! ta! fit-elle; on la connaît, cette note; eh bien, je dois vous dire, mon cher, qu'elle sonne faux; avec tous vos grands airs, vous n'êtes qu'un vulgaire boutiquier.

— Mademoiselle, dit Demarsais, avec hauteur, je ne puis tolérer ce langage...

Rose Pompon avala un grand verre de champagne d'un trait, en envoya les gouttes qui restaient au fond de la coupe au nez de son amant.

— Tu n'es qu'un sot! un gentilhomme rirait de ce que je dis! Toi, tu te fâches, tu vois bien que tu n'es qu'un boutiquier.

Demarsais ne savait quelle contenance tenir en présence du sot rôle qu'il jouait.

— Tu t'es donc dit, continua Rose Pompon, avec ce bon sens pratique qui fait plus d'honneur à ton talent d'homme d'affaires qu'à tes allures de grand seigneur, il y a des gens qui prennent leurs maîtresses dans le grand monde ou parmi les lorettes. Moi, je prendrai la mienne dans ma boutique, ce sera moins cher.....

— Mais où veux-tu en venir? s'écria Demarsais furieux.

— Oh! pas de grands mots ou je jette les bouteilles par la fenêtre. Voilà comme je suis, moi!

— Comment, dit Demarsais, calmé par la crainte d'un scandale, vous oseriez!

La drôlesse vit l'effet que produisait sa menace sur l'esprit de son amant.

— Tiens, dit-elle, voilà le commencement de la danse.

Et elle jeta à terre une pile d'assiettes.

— Ah! tu te dis grand seigneur et tu n'as pas honte de laisser une honnête fille, ta maîtresse, user les manches de ses robes sur un mauvais comptoir, tandis que ta femme ne paraît même pas au magasin; je suis comme ça, moi, j'ai le champagne gai; ah! tu ne crains pas de m'emmener dans un restaurant pour compromettre ma réputation et tu crains le scandale!..... A la verrerie maintenant!

Elle balaya d'un revers de main les bouteilles, les carafes et les verres qui se trouvaient sur la table.

Cependant le bruit causé par la casse avait fait monter un garçon.

— Vous avez sonné? demanda-t-il d'un air effaré.

— Ce n'est rien, dit Rose Pompon, j'ai mes nerfs. Attrape ça en attendant, dit-elle en jetant au garçon une pièce de cent sous; voilà, mon cher, qui est régence; monte-nous du Rœderer.

Demarsais, pâle et décontenancé, ne bougeait pas, tailladant la nappe avec son couteau, ne sachant quelle conduite tenir ; il sentait combien il était ridicule ; mais que faire avec une fille qui menaçait de l'afficher ?

Il crut être très-habile en cherchant à la calmer.

— Vous voyez, dit-il en tirant de sa poche un petit écrin, je pensais à vous.

— Ah ! fit Rose Pompon en jetant un coup d'œil distrait sur le bijou.

— Regardez, c'est un camée antique.

— Portez cela à votre femme, mon cher.

Ce dernier trait blessa Demarsais, non pour l'insulte faite à sa femme, mais parce qu'on refusait son cadeau avec dédain.

Ce bijou que cette fille repoussait si dédaigneusement, il l'avait acheté cinq cents francs la veille, et pour faire cet achat, il avait dû refuser à sa femme trois cents francs dont celle-ci avait besoin pour payer ses dépenses de maison.

Il dissimula lâchement, et attendit que Rose Pompon fût plus calme pour s'expliquer.

— Ainsi, chère belle, dit-il avec un sourire contraint, vous me trouvez bien bourgeois... Et vous ne croyez à la noblesse des sentiments que lorsqu'ils se traduisent en écus sonnants.... Eh bien, vous allez être satisfaite ; à partir d'aujourd'hui, je vous mets dans vos meubles... et je double le traitement que vous avez au magasin.

— Et vous n'avez pas honte de me parler ainsi ?

— Comment, fit Demarsais qui s'attendait, après une telle proposition, que sa maîtresse lui sauterait au cou.

— Ecoutez mes conditions, dit Rose Pompon, sans cela, je vois bien que nous ne nous entendrons pas. Vous me donnerez vingt-cinq mille francs pour me mettre dans mes meubles; je connais un délicieux entresol rue Taitbout, un vrai nid, deux mille cinq cents francs de loyer, une misère, et vous me donnerez pour mes dépenses de maison mille francs par mois; j'espère que je suis raisonnable, n'est-ce pas ?

Demarsais fut abasourdi par cette proposition; en ce moment le serpent de la jalousie le mordit au cœur; il vit Rose devenant la maîtresse d'un autre; quelque richard avait dû lui faire des propositions insensées.

—Qui est-ce qui vous a proposé une telle somme? demanda-t-il, cherchant à contenir la colère qui débordait chez lui.

— Tiens! tiens! vous commencez à avoir de l'esprit.

Demarsais réfléchit un instant.

— Rose, je vous offre cinq cents francs par mois.

— Vous êtes un niais, dit-elle en se mirant dans la glace et en arrangeant les brides de son chapeau.

— Vous aurez vos vingt-cinq mille francs.

— Quand ?

—Demain... En attendant, acceptez le camée, dit Demarsais.

—Mon cher, j'ai des principes ; j'accepterai avec plaisir le camée en même temps que les vingt-cinq mille francs.

— C'est votre dernier mot ?

— Allons, boutiquier, ne marchandez donc pas.

Demarsais baissa la tête, devant cette nouvelle iujure, il n'avait pas mille francs en caisse, et il promettait vingt-cinq mille francs sans sourciller.

Rose Pompon examinait attentivement le visage de son amant ; on eût dit qu'elle suivait ses moindres sensations. Elle avait tenté un coup hardi ; mais elle savait — elle l'avait entendu dire par le caissier, alors qu'il ne se croyait pas écouté — que M. Demarsais n'en avait pas pour un mois à tenir ; voilà pourquoi elle avait brusqué le dénoûment : elle avait tout risqué.

—Allons, méchante! fit Demarsais, faisons la paix et donnez-moi votre main ; ce soir, vous irez arrêter votre entresol, voilà pour le denier à Dieu.

Il tira un billet de mille francs de son portefeuille.

—Voilà un acte qui rachète bien des vilaines choses, dit-elle en passant son bras d'une façon câline autour du cou de son amant ; pourquoi m'avoir forcée, gros vilain, à sortir de mon caractère? Pourquoi n'êtes-vous pas venu au-devant de mes désirs?

— C'est vrai, répondit Demarsais, je suis bien coupable, depuis longtemps j'aurais dû comprendre que ces petits pieds n'étaient point faits pour patauger dans la boue; ces mains pour auner de la toile, ces attraits charmants pour être exposés aux fadeurs des calicots. Tu es à moi, bien à moi ; tu m'appartiens tout entière; près de toi, je veux tout oublier; ta vie sera la mienne.

— Toujours? demanda Rose Pompon, dont les yeux étaient pleins d'une molle langueur et qui penchait languissamment sa tête sur celle de son amant.

— Toujours!

Et pendant que tous deux se livraient en apparence aux transports d'un amour insensé, si Demarsais n'eût suivi que son inspiration, il eut étranglé cette femme qui l'avait humilié ; mais, par orgueil, il tenait à sa possession.

Quant à Rose Pompon, elle ne pensait pas un mot de ce qu'elle disait ; elle n'avait qu'une seule préoccupation, celle de savoir si le lendemain elle toucherait ses vingt-cinq mille francs.

Ce papier soyeux de la Banque, qu'elle froissait pour la première fois, lui causait des sensations inconnues : c'était le premier billet de banque qu'elle avait en sa possession.

Pour elle, fille à jamais perdue, ce papier lui donnait l'émotion qu'éprouve une jeune fille qui reçoit son premier billet doux.

Pour Rose Pompon, il y avait longtemps que le premier amour était envolé.

Demarsais avait un rendez-vous qu'il ne pouvait différer : cela le contrariait assez vivement, car Rose Pompon était redevenue charmante.

On quitta le restaurant de la Tourelle, où l'on était bien resté deux heures et l'on remonta fort gaiement dans le coupé.

Jean eut l'ordre de conduire rapidement le couple amoureux et il obéit ponctuellement.

Les roues ne touchaient pas le sol et les passants murmuraient. Cependant, au débouché du pont d'Austerlitz , les passants devenaient plus nombreux.

Le cocher ne modéra pas sa course.

Tout à coup le coupé culbuta un vieillard.

— Il est écrasé! dit une voix.

Rose Pompon jeta un cri : elle releva son voile et regarda par la portière.

Elle venait de reconnaître dans le vieillard qui était tombé le père de madame Demarsais.

— J'enlève le mari à la fille et j'écrase le père, décidément je suis trop Régence, dit-elle.

Ce propos infâme fit blêmir Demarsais.

Le cocher continua sa course insensée.

— Pourvu que mon beau-père ne m'ait pas reconnu, répétait sans cesse Demarsais.

— Et quand il vous aurait vu ?

— Pensez donc au scandale!

— Mais, mon cher, cela vous fera de la réclame ; votre magasin s'emplira de gens pour savoir comment est faite la tête d'un homme qui écrase son beau-père.

— Rose, je ne vous reconnais plus.

— Bah ! répondit-elle, vous me voyez maintenant telle que je suis. Nous allons tous deux nous séparer.

Rose descendit la première et rentra au magasin. Son premier soin fut d'aller trouver son caissier et de lui annoncer qu'elle quittait la maison le jour même.

Alphonse, un des employés qui avait entendu sa conversation, s'approcha de Rose et lui dit :

— J'ai à vous parler dans votre intérêt; je vous attendrai ce soir, à neuf heures, à la tour Saint-Jacques.

Rose le regarda, tout étonnée; puis, après une seconde de réflexion, elle lui dit :

— J'y serai.

I

Portrait de M. Demarsais. — Un négociant comme il y
en a beaucoup. — Comment on détruit son bonheur.

Dans le chapitre qui précède, nos lecteurs ont
appris à connaître M. Demarsais ; nous allons com-
pléter le portrait de cet homme qui est appelé à
jouer un certain rôle dans cette histoire.

M. Demarsais était un assez joli garçon, dont les
qualités naturelles avaient été faussées par une éducation déplorable ; après avoir abordé sans succès
plusieurs carrières, il était arrivé à l'âge de vingt-
six ans sans aucune position ; c'est alors que ses
parents songèrent à le lancer dans le commerce et,
il faut le reconnaître, leur idée ne fut pas des plus
heureuses.

Le commerce exige des qualités fort sérieuses,
beaucoup d'ordre et de régularité, et c'était ce qui
manquait absolument à Demarsais.

On lui acheta un excellent fonds de marchand de
toiles de la rue des Bourdonnais, et on lui fit épouser

une jeune fille charmante qui lui apporta une dot fort respectable.

Dans ces conditions, la vie s'ouvrait belle devant Demarsais, mais il ne sut pas profiter de ces avantages; sa femme, élevée dans le commerce, avait des goûts simples, et elle eût volontiers pris une part active dans les affaires de son mari ; mais celui-ci, mû par ce sot orgueil que nos lecteurs lui connaissent déjà, confina sa femme dans ses appartements, s'enlevant ainsi un auxiliaire précieux qui lui eût évité toutes ses fautes et se fût chargée de la direction de la maison.

Le commerce de **M.** Demarsais se soutint encore assez longtemps, en raison de l'ancienneté de la maison et de ses nombreuses relations ; mais ses manières ne tardèrent pas à éloigner les clients, tandis que son incapacité lui faisait contracter des marchés désavantageux.

Aussi, au moment où commence ce récit, Demarsait marchait à la ruine, et il s'aveuglait volontairement devant le spectre de la faillite qui s'avançait chaque jour plus menaçant.

Demarsais ne luttait pas et il aurait sombré sans le moindre effort ; mais la scène qui venait de se passer au restaurant de la Tourelle avait produit en lui une révolution complète.

L'attitude dédaigneuse de Rose Pompon vis-à-vis de lui avait éveillé en lui des sentiments étranges qu'il ne soupçonnait pas : il n'aimait pas cette fille qu'il avait prise par caprice, mais il en voulait la possession entière, absolue, et pour cela il ne reculerait pas devant le crime.

Avant que l'heure de la ruine sonnât pour lui, il voulait profiter du crédit qui lui restait encore pour rassembler tout ce qu'il pourrait d'argent et alors il verrait le parti qu'il aurait à prendre.

III

Où l'auteur se fait moraliste. — Les écoles du vice et de
la débauche à Paris. — Alphonse a compris Rose
Pompon. — Rose est devenue à la mode. — Une nouvelle façon d'inviter à dîner. — Où l'élève trouve le
professeur gênant.

Il est à Paris certaines professions dont on ne
proclame pas l'infamie assez haut.

Jusqu'au jour où il se trouvera un magistrat assez
énergique pour fermer les bals publics, l'œuvre de
la prostitution se continuera, en dépit de tous les
efforts.

Ce sont surtout les bals établis aux anciennes
barrières qui facilitent le plus la démoralisation
des jeunes filles.

La facilité avec laquelle on admet le public dans
ces endroits-là est une des causes qui les rendent
les plus dangereux pour la jeunesse.

Peu importe le costume, l'âge, tout le monde
est reçu; il y a à la porte un vestiaire pour recevoir, depuis les petits enfants à la mamelle jusqu'aux paniers des petites ouvrières qui, en sortant

de l'atelier de couture, veulent entrer danser un quadrille.

Entrez librement, jeunes filles ! C'est l'école du vice avec accompagnement d'orchestre ; il est impossible de se prostituer plus gaiement.

Et les gens qui tiennent ces endroits sans nom, ont une famille, des filles qu'ils élèvent dans la crainte de Dieu et du cancan ! de ce cancan qui leur rapporte de si beaux bénéfices... Peut-on être aussi ingrat !

Il en est, parmi ces gens, qui parfois ont le cœur paternel, et qui veulent faire participer à leurs bénéfices ceux à qui ils doivent leur fortune.

C'est moral.

Aussi, une ou deux fois par an, ils distribuent des prix d'assiduité aux danseuses.

Il y a plusieurs catégories de prix, absolument comme aux concours de la Sorbonne :

A la fille qui décoiffe son danseur d'un coup de pied lancé avec grâce, une robe de satin ;

A celle qui, par sa danse échevelée, aura eu les honneurs du triomphe, une robe de popeline.

Enfin des prix de consolation, composés de fichus ou de bottines, échoient à celles qui, sans se faire remarquer par une chorégraphie accentuée, n'ont pas manqué un seul bal.

Et ces choses se font gravement; il y a un jury pour distribuer les prix; ce jury est présidé avec dignité par le maître de ces lieux de démoralisation publique.

Il faut assurément que chez ces gens-là le sens moral soit bien oblitéré pour qu'ils ne s'aperçoivent pas de ce qu'il y a d'infâme dans une telle conduite.

Mais la police, dit-on, devrait empêcher cela.

On trouve déjà qu'elle s'occupe de trop de choses. C'est au bon sens public qu'il appartient de faire justice de semblables procédés, et de flétrir ceux qui ne rougissent pas de fonder leur fortune avec des moyens aussi infâmes.

Ainsi que nous l'avons dit, Rose Pompon avait passé par les bals publics avant de devenir la maîtresse de Demarsais.

A partir du déjeuner de la Tourelle, où elle s'était révélée sous son jour véritable à son amant, elle ne s'appartenait plus : elle était devenue la proie de la débauche.

Alphonse, qui était un de ces bellâtres qui abondent sur le pavé de Paris, avait deviné Rose Pompon et avait parfaitement compris le parti qu'un homme, assez abject pour se mettre à la remorque de cette fille, pouvait en tirer. C'est pour cela qu'il qui avait demandé un rendez-vous.

Lorsque tous deux se trouvèrent dans le jardin lui entoure la tour Saint-Jacques, Alphonse parla de sa flamme; il joua à merveille le rôle d'amoureux : il fut persuasif.

— Une fille comme vous ne peut rester seule, lui dit-il; il lui faut un ami, un mentor, un chien ; je n'ose vous demander d'être votre ami, et ce serait trop présumer de mon expérience que de vous offrir d'être votre mentor. Je serai votre chien ; vous ferez dans votre logement, soit à la cave soit au grenier, une petite niche, et je me tiendrai là, prêt à mordre ceux qui vous déplairont, et à faire bon accueil à ceux que vous appellerez vos amis. C'est ce rôle que j'envie près de vous.....

On ne pouvait se dégrader en termes plus chaleureux.

Mais ce langage devait plaire à une nature corrompue comme Rose Pompon ; le marché fut conclu, et Rose accepta pour le même soir l'hospitalité d'Alphonse.

Le lendemain, Demarsais, entrant dans la voie

que nous avons indiquée, avait déjà encaissé plusieurs fortes sommes à l'aide d'opérations sen-
tant le bagne, et il faisait parvenir à sa maîtresse les
vingt-cinq mille francs qu'il lui avait promis.

Alphonse en prit trois pour se faire habiller d'une
façon décente et son argent de poche : il se chargea de l'emplette du mobilier, il acheta sans mar-
chander et donna, en payement, le moins d'argent
qu'il put, il souscrivit des valeurs pour le reste.

Rose, qui voulait jouer la grande dame, laissait
agir son Sigisbée; cette fille était une de ces arden-
tes et malignes créatures qui, une fois sorties du
droit chemin, ne se laissent arrêter par aucun scru-
pule.

C'était donc à l'entresol d'une maison de la rue
Taitbout que se trouvait l'appartement de Rose Pompon : cinq fenêtres de front, ornées de rideaux de
mousseline à grands ramages, coquettement rete-
nus par des faveurs roses, le désignaient aux regards des passants.

Il est inutile de le décrire : tous ces appartements
se ressemblent; certains tapissiers cultivent la spé-
cialité des meubles qui plaisent aux courtisanes de
notre temps; elles ont adopté un ameublement
presque uniforme, très-luxueux, mais dont le luxe

de pacotille manque de goût et de sentiment artistique.

Tout y est banal, depuis le mobilier jusqu'au cœur de la femme.

Rose Pompon avait des jours de réception, ni plus ni moins que la femme d'un agent de change ou une duchesse.

On en rendait compte dans les petits journaux, entre les débuts d'une danseuse et l'efficacité de la douce Revalescière Dubarry.

C'était Alphonse qui se chargeait de tous ces détails de mise en scène.

Rose Pompon, grâce à son savoir-faire, était devenue une femme à la mode.

Les thés, les raouts, les soupers, se succédaient chez elle; seulement c'étaient les convives qui en faisaient les frais.

Rose avait inventé l'invitation à dîner à cinquante francs par tête!

Deux ou trois jours à l'avance, le *Moniteur de l'Alcôve* ou toute autre feuille à l'avenant, publiait un entrefilet de ce genre :

« Cela tourne à la folie, voici mademoiselle Rose Pompon qui nous écrit pour nous prier d'annoncer dans notre feuille qu'elle est dans l'intention de

donner, chaque semaine, un dîner de douze cou-
verts, à raison de cinquante francs par tête ; les
femmes seront masquées et les hommes en manteau vénitien. Nous avons donné place dans nos
colonnes à cette singulière annonce, non pour re-
cruter des dîneurs à mademoiselle Rose Pompon,
mais pour montrer que le demi-monde ne recule
devant aucun moyen pour se singulariser.»

Quelques jours après, on pouvait lire dans la
même feuille :

«Les soupers de Rose Pompon font fureur ; un
duc, trois marquis et deux financiers n'ont pu être
admis ; c'est le seul endroit de Paris où l'on s'a-
muse. »

Après un article semblable, quel est le dandy, le
viveur, qui eût pu se dispenser de se faire recevoir
chez mademoiselle Rose Pompon ?

L'élève d'Alphonse avait si bien profité de ses le-
çons qu'elle trouva son précepteur gênant. Cette
sorte de tutelle pesait sur elle ; elle cherchait un
expédient pour rompre avec lui.

Pourtant Alphonse se montrait assez humble vis-
à-vis d'elle ; ainsi, il se contentait d'une simple
chambre sous les toits dans la maison où sa maîtresse était luxueusement logée.

Forte en maximes immorales, Rose prenait le haut du pavé et toisait dédaigneusement les femmes honnêtes.

Alphonse lui avait appris le secret de conduire plusieurs amours à la fois, et il était heureux pour Demarsais qu'il en fût ainsi. Car il n'aurait pu suffire à ses dépenses: c'était donc par pure bonté d'âme qu'elle le trompait.

Demarsais n'en dorait pas moins Rose Pompon sur toutes les coutures; mais Alphonse était là qui la grugeait horriblement; ce garçon avait des appétits insatiables : l'argent fondait entre ses doigts.

Rose Pompon trouva donc que son protecteur en prenait trop à son aise, et le menaça de rompre avec lui.

Alphonse ne perdit pas son temps à démontrer ce qu'il y aurait, chez sa maîtresse, d'ingratitude à se séparer de l'homme qui l'avait si bien guidée; il savait à l'avance le peu d'effet qu'un discours semblable eût produit sur l'esprit de Rose. Le fringant Alphonse crut préférable d'employer l'*ultima ratio* de certaines amours.

Quelques volées bien appliquées apprirent à la romanesque Rose Pompon que chaque médaille a

son revers, et que lorsqu'on a un protecteur il faut,
bon gré mal gré, subir sa loi.

— Te quitter! s'écria Alphonse avec un accent
déchirant, la première fois qu'il entendit sa maîtresse
lui parler de séparation ; et ma position perdue ! Tu
es mon orgueil! tu es ma joie! c'est moi qui t'ai
mise en lumière ; marche droit, ma fille, ou sinon
nous ferons connaissance avec M. Bambou.

Rose Pompon avait le sang violent, elle jeta un
vase à la figure de son amant.

— Ah! coquine! si ton visage n'était pas nécessaire à l'association, avec quel plaisir je le meur-
trirais !

On voit que, même dans sa colère, Alphonse ne
perdait jamais de vue le côté pratique; mais il se
dédommagea amplement sur les épaules de Rose
Pompon, qui apprit à ses dépens ce qu'une révolte
ui coûterait.

IV

Les salons de Rose Pompon. — Les manœuvres galantes
d'une sirène. — Portrait d'un petit crevé. — Une
soirée dans le demi-monde. — Pourquoi Rose Pompon
brusque son protecteur. — Scène tragique.

La société qui fréquentait le salon de Rose Pompon était fort mêlée; on y rencontrait de ces êtres
à toilettes extravagantes dont Paris a le monopole;
de ces gentilshommes sans fortune et à plusieurs
noms, qui trouvent le moyen de dépenser cent
francs par jour sans payer un sou; de ces joueurs
effrénés qui se sauvent de situations difficiles par
un aplomb à nul autre pareil, jusqu'au jour où la
main-d'une dupe s'abat sur leur joue.

Assurément Demarsais, quoique très-flatté d'être
l'amant d'une femme à la mode, eût autant aimé
que Rose Pompon déployât moins de fierté; il avait
la manie d'être jaloux et, comme il ne lui était pas
possible d'assister à toutes les fêtes de la belle, Dieu
sait le mauvais sang qu'il se faisait.

D'autant plus que Rose Pompon passait pour

manquer de savoir-vivre à l'égard des dames du demi-monde qui fréquentaient ses salons; plusieurs d'entre elles avaient même déclaré qu'elles la souffletteraient à la première occasion. Dangereuse sirène, elle se plaisait à enlever les adorateurs de ses bonnes amies et les maris des femmes honnêtes. D'un regard elle faisait naître l'espérance ; d'un mot, elle enflammait les soupirants qui gravitaient autour d'elle comme les satellites d'un astre malfaisant.

Parmi les petits crevés qui se consumaient pour la belle, était un petit jeune homme, un étudiant en droit; un de ces étudiants qui vont aux cours, gantés, tirés à quatre épingles, et qui ne se commettent pas avec les étudiants du quartier Latin ; de ceux qui, vivant chez leurs parents, vont dans le monde et dans le demi-monde ; font des dettes scandaleuses ; se ruinent ou ruinent papa pour une fille et s'abîment la santé pour faire croire qu'ils sont des viveurs; de vrais imbéciles, en un mot.

Ce petit jeune homme qui répondait au nom d'Emile de Létang, papillonnait agréablement autour de Rose, et lui adressait chaque jour des vers de sa composition et un bouquet.

Angélina enveloppait ses papillotes avec la poésie du petit crevé et donnait les bouquets à sa bonne.

— Si encore cet imbécile, disait-elle parfois, avait le bon goût d'écrire ses vers sur le revers d'un billet de banque.

De Létang ne manquait pas une seule soirée de la courtisane ; rien n'était plus curieux à voir que ces réunions où s'agitaient les fantoches de la débauche à l'extérieur séduisant, au cœur gangrené par la cupidité et la paresse. Aux désirs luxurieux se mêlaient les passions encore plus basses de la gourmandise et de cette ivrognerie que je crois plus licite parce qu'elle s'adresse à de meilleurs vins.

Pour cette soirée, à laquelle nous faisons assister le lecteur, Imola, le glacier de la rue Royale, avait fourni les rafraîchissements, les glaces et les sorbets ; Chiboust, les pâtisseries les plus fines ; des maîtres d'hôtel, en habit noir et en cravate blanche, faisaient circuler dans le salon des plateaux en argent ciselé et garnis de pâtisseries et de rafraîchissements.

Cependant, sur un divan placé à l'angle du boudoir d'Angélina, les plus intimes se reposaient. Là tout ce monde de désœuvrés, tous ces gens qui sont à l'affût des plaisirs, et qu'on pourrait comparer aux figurants des exhibitions publiques, affectaient de bâiller, car rien n'est de meilleur goût que de paraître s'ennuyer là où on devrait s'amuser.

On annonça Demarsais.

— Ah! voilà ce cher ami! s'écrièrent en chœur les intimes. Mais que devenez-vous ?

— Ah! mes amis, les affaires m'absorbent complétement.

— Vous travaillez trop !

— Que voulez-vous ? il le faut bien.

Demarsais, qui affectait par genre d'être distrait, se tourna de côté en s'adressant à une jeune fille qui avait le visage avantageusement maquillé.

— Caroline, lui dit-il, vous avez ce soir une toilette du meilleur goût.

La toilette de Caroline se composait d'un soupçon de corsage : du reste elle avait les épaules magnifiques.

— M. Demarsais aime les modèles, dit Rose Pompon, mécontente de ce que son amant ne lui avait fait aucun compliment sur sa toilette, et ayant l'intention de faire quelque éclat.

Demarsais ne parut pas s'apercevoir de l'intention méchante qui avait dicté ces paroles.

— Vous avez raison, Rose, dit-il en prenant un air dégagé ; j'aime les modèles, j'en ai donné la preuve en choisissant en vous un modèle de grâce et d'amabilité.

Et ce disant, Demarsais pirouetta sur ses talons et se rendit dans une pièce voisine.

— Il est réellement étincelant, ce cher Demarsais, dit un monsieur chauve qu'on appelait le chevalier et qui ne manquait aucune des soirées de Rose.

— Moi, je le trouve assommant, répliqua celle-ci, n'est-ce pas, Mimile?

De Létang rougit beaucoup de s'entendre appeler ainsi.

— Vous ne me répondez pas, Mimile ?

— Je suis de votre avis, madame.

— N'est-ce pas que M. de Létang est gentil ce soir? dit-elle en s'adressant au chevalier.

— Dites qu'il est imprudent, répliqua le chevalier, car si Demarsais l'entendait.... il est vif....

— Monsieur, je saurais lui répondre! dit le petit bonhomme en se dressant sur ses pointes.

— Oui, oui, je n'en doute pas, mais....

Il s'interrompit, M. Demarsais rentrait dans le boudoir.

— Vraiment, chère belle, dit celui-ci, votre petite fête est magnifique, parfaitement composée, et il n'y a que vous pour savoir organiser de semblables réunions.

Rose Pompon se mordit les lèvres : ces compliments la contrariaient, car ils lui ôtaient le prétexte de se fâcher, et pourtant elle voulait une rupture.

Elle venait de recevoir sur le jeune de Létang des renseignements qui l'avaient remplie de joie. Casimir lui avait fait passer une note dans laquelle il lui affirmait que le petit bonhomme pouvait disposer de trois cent mille francs, sans le consentement de son papa.

Rose Pompon qui, en quelques jours, avait tiré soixante mille francs de Demarsais, se doutait bien que le Pactole où son amant puisait serait bientôt tari ; elle se rappelait toujours que le caissier avait prédit la chute prochaine de la maison : elle ne voulait pas attendre cette chute et se donner la satisfaction de rompre la première.

— Mon ami, lui dit-elle, demain il y a une grande revue à Vincennes et je suis dans l'intention d'y aller en poste. Je ferai atteler mon coupé, et j'espère bien avoir autour de moi une véritable cour, n'est-ce pas, chevalier ?

— Tous ces messieurs ont juré de vous servir d'escorte.

Demarsais ne prononça pas un mot.

— Mon ami, reprit Rose en minaudant, je pense que vous viendrez avec moi ?

— Je ne le puis, ma chère, répondit celui-ci d'un ton assez sec.

— Allons, voilà du nouveau ! monsieur refuse. Dites donc que je vous fais honte et que vous avez des prétentions à passer pour un homme vertueux.

Cette réflexion ironique blessa profondément Demarsais.

— Je ne tiens pas à me poser en homme vertueux, dit-il en cherchant à dompter sa colère, et vous ne me faites pas honte ; mais il m'est vraiment impossible d'aller avec vous à Vincennes où la foule se portera ; le monde a de certaines convenances...

— Dites des préjugés... interrompit vivement Rose Pompon.

— Convenances ou préjugés, peu importe le nom ; mais ce sont des choses qu'il faut respecter.

— Allons donc, si vous teniez tant au respect

des convenances, vous ne seriez pas ici ce soir, il y a un mobile qui guide votre conduite.

— Eh! mon Dieu, dit-il d'un air embarrassé et en baissant la tête comme quelqu'un qui se trouve pris en faute, je ne puis vous y conduire parce que madame de Clairfond y sera.

Rose bondit et, nous devons le confesser, fut sublime d'impudence.

— Oh! ma jeunesse perdue! fit-elle avec une douleur parfaitement jouée; il me préfère à sa femme!

Puis changeant subitement de ton :

— Est-ce que vous auriez l'intention de la conduire à cette revue? ajouta-t-elle.

— Je le lui ai promis, c'est bien le moins que, pour une fois, je lui tienne parole.

— Eh bien, écoutez-moi, dit Rose Pompon en accentuant chacune de ses paroles, si vous paraissez à cette revue avec votre femme, vous ne remettrez pas les pieds ici.

— Cette menace, dit Demarsais en essayant de sourire, n'est pas sérieuse, ma chère.

— Elle est très-sérieuse, répliqua Rose Pompon, car je ne veux pas que vous me sacrifiiez en quoi que ce soit à votre femme... Puisque vous refusez

d'être mon cavalier, c'est que vous en êtes empê-
ché par vos occupations et je ne souffrirai pas que
vous puissiez conduire à Vincennes une autre
femme que moi.

Cela dit d'un ton peu élevé, mais très-net, Rose
sortit pour aller rejoindre ses invités.

Demarsais demeura interdit, il comprenait va-
guement que cette femme, après l'avoir exploité de
son mieux, ne songeait qu'à se débarrasser de lui.
Mille idées plus sottes les unes que les autres tra-
versaient son cerveau : il la détestait, mais son orgueil n'admettait pas qu'il pût s'en séparer.
Comme tous les hommes de son espèce, il dédaignait
chez lui une femme charmante, et il se rendait
l'esclave d'une gourgandine.

Pendant qu'il était plongé dans ses réflexions,
et ne savait à quel parti s'arrêter, Rose était entrée
dans le salon principal; elle avisa sa femme de
chambre qui, placée à l'embrasure d'une porte, lui
faisait des signes.

— Qu'y a-t-il ? lui demanda-t-elle en s'approchant.

— Madame, il y a un homme âgé qui voudrait
vous parler.....

— A cette heure, avec tout ce monde!... C'est

quelque fournisseur probablement. Juliette, ren-
voyez-le bien vite et dites-lui de revenir demain.

— Il a pourtant bien insisté pour vous voir. Je
ne crois pas que ce soit un fournisseur... Il a l'air
si triste... si triste...

— Où est-il ?

— Dans l'antichambre.

— Est-ce que du cabinet noir on ne peut pas
voir par le petit judas ?

— Si, madame.

Rose Pompon, poussée par la curiosité plutôt
que par la sympathie, passa dans le cabinet ; un
simple coup d'œil lui suffit pour reconnaître son
père dans ce vieillard qui avait l'air si triste.

— Cette sotte de Juliette, dit-elle, aurait fait
un beau coup ; si je l'avais écoutée, elle allait me
mettre face à face avec le respectable auteur de mes
jours, et cela dans un moment un peu critique...
Mon Dieu ! que ma mère a eu donc peu soin de
lui... Juliette, dites à ce bonhomme qu'il revienne
demain à quatre heures, je le recevrai.

Voilà tout ce que cette fille trouva dans son
cœur à l'adresse de son malheureux père.

Elle le vit repartir avec la même indifférence.

Le pauvre homme descendit péniblement l'escalier ciré et garni de tapis qui conduisait à la rue.

— Eh ! l'ami, dit le portier en l'apercevant, il y a un escalier pour les gens de service ; il ne faudra plus passer par là quand vous reviendrez.

Ce dernier trait perça le cœur du vieillard ; sa fille refusait de le recevoir, et son portier, celui qu'elle nourrissait des dessertes de sa table, l'insultait.

En sortant de la maison, il s'assit sur une borne et de là il put voir les fenêtres de l'appartement de sa fille étincelantes de lumière, il put entendre les éclats de rire des invités.

— Pourvu que la malheureuse ne tombe pas plus bas, se dit-il. Mon Dieu, vous m'avez bien puni, car c'est elle que j'aimais le plus et c'est elle qui me donne les plus grands tourments.

Et l'âme brisée, le malheureux père, qui n'avait trouvé dans son cœur que ces paroles de blâme contre sa fille, regagna sa demeure.

V

A notre époque où l'on ne sait plus guère s'a-
muser, les courses sont devenues le grand attrait
des oisifs, des désœuvrés, des chevaliers d'industrie,
des pick-pockets, des entrepreneurs de paris à
la cote et autres que la justice traque avec plus de
zèle que de succès.

L'hippodrome de Vincennes a pris sa place dans le
monde du sport, et, lorsqu'il y a une course, dès le
lever du soleil, le faubourg Saint-Antoine est en émoi.

Aussi il faut voir l'aspect animé qu'il présente ;
c'est une queue interminable, une procession dont
la tête a Vincennes pour objectif.

Tous les individus qui vivent de ces professions
inconnues qui ne peuvent s'exercer qu'à Paris, sil-
lonnent les rues, mêlés aux curieux ; tout ce monde-
là compte trouver dans les appétits ou la curiosité

de la foule de quoi gagner son déjeuner ou son souper.

Voici un individu qui porte un banc sur son épaule.

Où l'a-t-il pris ?

Probablement dans quelque bouge de la rue Saint-Nicolas-du-Chardonnet ou de la rue de Versailles.

Cet honnête industriel a calculé qu'en serrant un peu le monde, il pourra faire tenir dix personnes sur le banc qu'il a... emprunté ; à dix sous par place, cela fera cinq francs ; mais le plus difficile sera de remporter le banc.

— Place! place!

Qu'y a-t-il ?

Ce sont deux hommes qui ont mis en pratique le principe de l'association ; ils ont emprunté une quinzaine de francs, ils ont acheté une dizaine de litres d'eau-de-vie, avec l'eau qu'ils y ont ajoutée, ils en ont fait vingt.

Ils ont passé un crochet dans la bonde du baril et un bâton dans ce crochet ; chacun en porte l'extrémité, mais la route est longue et de temps en temps les porteurs sentent le besoin de se rafraîchir ;

iront-ils jusqu'à Vincennes ? Eux, peut-être, mais le baril ?...

Voici les marchands de coco, de limonade à la glace dans laquelle on pourrait faire cuire un œuf; les marchands de chaussons aux pommes et aux pruneaux, les marchands de bâtons de sucre d'orge, de prunes vertes et de groseilles peu mûres, voici les saltimbanques, les tireurs de cartes.

- A tout cela joignez les Parisiens qui vont pêle-mêle, et l'on comprend que, sans l'aide des agents de police et des gardes municipaux, il serait difficile de frayer un passage aux voitures.

Mais que se passe-t-il ?

La foule se range, les voitures se mettent en ligne : qu'y a-t-il encore ? quels sont les personnages qui arrivent en poste ? cet attelage, ces postillons, ces cavaliers qui galopent sur les côtés de ce coupé, font croire que c'est une femme du meilleur monde qui arrive.

Mais une affreuse voix de gavroche rompt le charme qui pèse sur la foule.

— Ohé ! Rose Pompon ! crie le gamin en se servant de ses mains en guise de porte-voix, t'es rien chouette !

Cette voix de crécelle était allée jusqu'aux oreilles

de la déesse, mollement étendue sur les coussins de la voiture.

Mais la courtisane fut peu sensible à cette interpellation ; elle était rayonnante de plaisir ; un cortége d'adulateurs l'entouraient. Parmi les hommes qui contemplaient cette beauté du jour, il y en avait bien dont le visage était rempli d'ironie. Rose Pompon s'en apercevait bien, mais elle s'en moquait parfaitement.

Elle affectait au contraire de montrer un front riant aux malavisés qui semblaient plaisanter sa fausse grandeur.

Cependant, comme les quolibets continuaient sur son passage, elle sentit ses nerfs qui s'agaçaient.

Il était facile de voir que cette fille n'attendait qu'une occasion propice pour se venger.

Sous sa peau historiée par les parfumeries, on eût deviné les atteintes du fiel.

Rose Pompon ne se contenait qu'à grand'peine ; une goutte d'eau allait faire déborder le vase.

Le hasard la servit à souhait ; une calèche simple, de bon goût, vint à passer sur la lisière du bois.

Rose pâlit ; dans cette calèche était madame Demarsais, accompagnée d'un homme dont elle ne vit pas la figure.

Elle crut d'abord que M. Demarsais était auprès de sa femme.

— Voilà mon sujet de rupture tout trouvé, se dit-elle avec une satisfaction méchante, et maintenant j'ai le droit de lui refuser ma porte.

— Il me semble que voilà une calèche qui intrigue beaucoup cette chère Rose, dit un monsieur déjà sur le retour, mais qui n'en avait pas moins la fatuité de se prendre pour un jeune homme.

— Cela se comprend, fit une voix, c'est sa victime qu'elle voit passer.

— Sa victime ?

— La bienséance me défend de dire sa rivale.

— La bienséance vous fait dire une sottise, riposta Rose Pompon; mon cher, si vous n'êtes pas convenablement auprès de moi, allez faire la cour à la femme de mon amant, cette dame doit être à votre goût, vous êtes artiste, vous devez aimer l'antique.

Cette sortie fit rire les gommeux qui entouraient la voiture.

— Je puis vous dire votre secret, dit en se penchant sur son cheval le personnage que nous avons vu la veille chez la courtisane et qu'on appelait le chevalier.

Rose le regarda avec des yeux étonnés.

— Je connais votre petit secret, continua-t-il, un peu de jalousie ?...

— De la jalousie ?... fit Rose surprise.

— Sans doute, Demarsais a tort de se montrer avec sa femme, surtout quand il vous sait ici.

— Allons donc! exclama Rose en braquant sa jumelle duchesse sur la calèche. Mais ce n'est pas Demarsais qui est avec elle, dit-elle tout à coup.

— Vraiment !

— C'est le respectable père de sa femme !

— Vous devez être satisfaite, car vous avez la preuve qu'il vous aime.

— J'ai la preuve qu'il est un lâche.

Le chevalier ne put réprimer un mouvement.

— Certainement, continua la courtisane; comment! voici un homme qui sacrifie sa femme pour moi, et vous voulez que j'aie de l'estime pour lui, de l'admiration, de l'amour? Du flan !

Rose n'avait pu se débarrasser de ses façons faubouriennes ; il suffisait de gratter un peu son épiderme de grande dame de contrebande pour trouver la fille du faubourg.

Les courses commençaient quand le jeune de Létang fit son apparition; il avait un habit de cheval qui lui seyait à merveille, les joues roses, les cheveux en boucles ; Rose Pompon ne songea plus à la fortune dont il pouvait disposer, elle subit l'ascendant de tant de jeunesse et de beauté.

Emile s'approcha du coupé.

— Je suis un peu en retard, dit-il, mais ne m'en voulez pas.

— Venez donc plus près de moi, lui dit-elle ; j'ai quelque chose à vous dire.

Il s'approcha.

— Près de moi, dit-elle en se mettant sur le côté et en frappant du plat de la main sur les coussins qui se trouvaient près d'elle.

Tous les adorateurs de Rose étaient un peu dispersés ; le fidèle chevalier lui-même était à quelques pas, suivant avec sa lorgnette les péripéties des courses.

Emile descendit de cheval, et jeta la bride à un gavroche qui, avec une prescience et un coup d'œil tout parisiens avait deviné que la garde de ce cheval allait lui revenir.

Le jeune homme monta dans la voiture de la courtisane avec un empressement et une joie qu'il ne pouvait contenir.

Rose frémissante se pencha à son oreille :

— Je vous aime, lui dit-elle brusquement, et de

ses dents d'émail elle effleura le bout de l'oreille de l'étudiant qui en éprouva une sensation délicieuse et en fut transporté.

Après cette déclaration inattendue, Rose se cacha le visage avec son éventail comme si elle avait été confuse de ce qu'elle venait de faire.

Puis elle reprit :

— M'aimez-vous ?

— Si je vous aime ! dit Emile en mettant ses deux mains sur son cœur, comme s'il eût voulu en comprimer les battements trop violents.

Rose jouait avec une petite clef dorée.

De Létang la reconnut : c'était celle qui ouvrait la porte du boudoir de la courtisane.

Gavroche qui avait passé son bras dans la bride du cheval d'Emile, roulait philosophiquement une cigarette, et du coin de l'œil suivait le manége de Rose Pompon.

— M'est avis, se disait-il, qu'elle roule mieux son jeune homme que moi ma cigarette. Oh ! la jeunesse ! la jeunesse ! s'il me donne moins de cent sous, c'est un pingre.

Emile tendit la main pour prendre la clef ; ne lui était-elle pas due après l'aveu que venait de lui

faire cette femme qu'il désirait avec toutes les forces
d'une passion jeune et naïve ?

— M'aimez-vous ? lui demanda de nouveau Rose
Pompon de sa voix la plus câline, en lui tendant
une main qu'il saisit avec empressement.

— Pouvez-vous me demander cela ? Ne le savez-
vous pas ? Ne vous l'ai-je pas murmuré mille fois
à l'oreille, alors que vous refusiez de m'écouter ?
Et aujourd'hui qu'avec une douce confusion vous
m'avouez que vous m'aimez, pourquoi voudriez-
vous que je ne répondisse pas à votre amour, à
votre confiance ?

— Décidément le petit bonhomme est allumé, se
disait le voyou ; si la particulière le regarde encore
longtemps comme ça, il va prendre feu.

— Ce n'est pas le tout que de dire : *je vous
aime !* il faut le prouver, minauda Rose en baissant
la tête et en arrangeant les plis de sa robe.

— As-tu fini tes manières, mame Pimbêche !
continua le voyou qui semblait prendre plaisir à
la scène qui se déroulait sous ses yeux. Je serais à
la place de ce gommeux et j'aurais sa monnaie,
que c'est pour moi qu'on cascaderait ; je me char-
gerais de faire marcher cette finaude, que ce serait
ça, aux pommes.

Il aurait fallu entendre le ton qui accompagnait ces paroles : il n'y a que dans les grandes villes qu'on peut s'en faire une idée.

— Rose, reprit de Létang, comment puis-je vous prouver que je vous aime?

— Vous voyez cette calèche là-bas?

Et elle désignait la calèche où se trouvait madame Demarsais.

— La calèche à fond bleu ?

— Précisément. Il y a un cavalier à la portière.

— Passez-moi donc votre lorgnette, je vous prie.

— C'est Nangis! oui, c'est Nangis qui est près de cette calèche !

— Vous le connaissez?

— Nous nous voyons au cercle.

— C'est fâcheux, fit Rose en réfléchissant.

— Pourquoi ?

— J'aurais désiré faire savoir quelque chose à ce jeune homme.

— Je suis à vos ordres...

— Vous lui direz... Mais vous n'oserez pas.

— Je n'oserai pas! fit le gommeux.

— Oh! oh! fit le gavroche qui examinait cette scène du coin de l'œil; que diable lui raconte-t-elle ? Le voilà qui saute comme un jeune chevreau.

— Ce serait, continua Rose, de glisser dans la conversation à ce jeune homme de façon que la dame vous entende, en me montrant : « Vous voyez cette jolie personne avec laquelle je causais il n'y a qu'un instant ; eh bien, elle passe pour être la maîtresse de Demarsais. »

Emile regarda Rose attentivement ; il avait presque le pressentiment que sa future maîtresse voulait lui faire commettre une petite infamie ; il ne se trompait pas.

Rose vit cette hésitation.

— Vous réfléchissez, lui dit-elle ; vous ne m'aimez pas. N'en parlons plus.

Et elle serra brusquement la petite clef dorée dans sa poche ; puis elle détourna la tête et braqua sa lorgnette dans la direction des courses.

— Rose ! fit Emile.

— Que voulez-vous ? fit celle-ci sans changer de position.

— Pourquoi voulez-vous que j'aille tenir ce propos à ce jeune homme ?

— J'ai mes raisons. Répétez ce que je vous ai dit et la clef est à vous.

— Rose, je vous aime ! s'écria Emile en sautant en selle et en jetant un louis au gavroche.

— Vingt francs! fit celui-ci avec joie. Quelle aubaine! Qui a dit que les amoureux sont égoïstes?

Rose triomphait; elle avait saisi sa jumelle afin de ne pas perdre un seul détail de la scène qui allait se passer.

Elle connaissait parfaitement Nangis : elle savait qu'il était le cousin de madame Demarsais; ainsi cette fille, sans souci de la vie de celui qu'elle prétendait aimer, l'envoyait au-devant d'un duel pour obtenir un triomphe sur madame Demarsais, et quel triomphe!

Rose espérait tout simplement qu'après un tel scandale la famille de M. Demarsais s'interposerait et qu'elle serait débarrassée de son ancien protecteur.

Tout à coup elle vit Emile parler à Nangis, et elle s'aperçut que madame Demarsais baissait la tête et qu'une extrême pâleur se répandait sur son visage.

Le trait perfide avait porté.

Mais son triomphe devait être de courte durée; elle vit Emile revenir au grand galop; il paraissait furieux; les yeux lui sortaient de la tête.

— Je vais tenir votre cheval, mon prince! dit le gavroche qui, sans compter sur un second pourboire aussi généreux que le premier, espérait encore récolter quelque chose.

— Retire-toi, lui cria Emile en levant sa cravache.

— Faudrait voir, dit celui-ci.

— Vous êtes une misérable! une drôlesse et moi je suis un sot! cria Emile à Rose Pompon; je me suis fait le complice d'une action infâme!

— Hum! hum! voilà que cela se gâte!

— Allons donc, répéta Rose avec ce ton quelque peu canaille qu'elle possédait au suprême degré; filez donc, mon cher.

Mais le bruit de cette altercation avait fait retourner quelques personnes, et bientôt un cercle se forma.

— Qu'y a-t-il? se demandait-on.

— Je ne le sais pas! on se dispute.

— La fille n'est pas mal.

— Le monsieur a l'air d'un petit coq.

— Vous êtes un Lovelace de carton! disait Rose.

— Vous êtes une misérable!

— Mais c'est charmant, dit un bellâtre.

Et alors, avec une chaleureuse indignation, Emile raconta à un cavalier la sottise que cette femme l'avait poussé à faire; le jeune homme, avait perdu sa timidité ; il sut faire partager son indignation à ceux qui l'entouraient.

Ce fut un tumulte dans le groupe qui s'était formé autour du coupé de Rose.

Les domestiques qu'elle avait loués ne s'occupaient que de leurs chevaux et nullement de leur maîtresse d'occasion.

— Ces femmes se croient tout permis, dit une voix.

— Elles iusultent nos sœurs, fit une autre.

— C'est indigne, dit un cavalier, il faut la chasser d'ici.

— Oui ! oui ! cria la foule, chassons-la !

A ce moment critique, Rose fut superbe d'impudence : elle s'étala sur les coussins de son coupé et regarda avec dédain la foule qui s'agitait autour d'elle.

— Vous êtes un tas de braillards, finit-elle par dire ; il n'y a pas un homme parmi vous, parce qu'il me protégerait.

Les postillons, craignant pour leurs chevaux, voulurent faire avancer l'attelage.

— Avez-vous peur, postillons ? leur demanda-t-elle.

— Pas pour vous, mais pour mes bêtes, répondit l'un d'eux.

— Bravo ! bravo ! le postillon a de l'esprit.

Rose se dressa et jeta un regard autour d'elle.

— Que cherche-t-elle ? se demanda-t-on.

— Je cherche quelqu'un pour vous faire taire, répondit-elle.

Elle venait d'apercevoir au loin Casimir, majestueusement monté sur une rosse de louage, qui posait en sportsman ; elle l'appela et lui fit signe de venir auprès d'elle.

Toutes les têtes se tournèrent dans la direction de Casimir, mais celui-ci comprenant qu'il y avait danger à se rapprocher de Rose Pompon, essaya de tourner bride.

Rose s'aperçut qu'il voulait la fuir.

— Lâche ! lui cria-t-elle avec un véritable accent de rage.

Autour d'elle, on riait, et sa colère accusait ceux qui avaient été indignés par sa conduite.

— Le lâche ! dit-elle à haute voix; je le paye pour me protéger et il me fuit; il me vole mon argent.

— Ah ! c'est là l'époux de madame, dit Emile avec une moue de persiflage qui blessa la courtisane plus que s'il lui avait décoché quelque grossièreté.

— Oh! qu'il vienne défendre sa digne moitié, dit une voix.

— Oui, oui, qu'il vienne !

Mais il y a des gens prévenants partout. Plusieurs cavaliers ayant vu quelle espèce d'homme était Casimir, avaient couru sur lui; plusieurs piétons que ce spectacle divertissait, prirent la bride du cheval de Casimir.

— Que voulez-vous, messieurs? leur demanda celui-ci, qui était fort pâle.

— Mais nous voulons que vous descendiez de cheval pour aller tenir compagnie à votre belle.

— Lâchez la bride de mon cheval ou je vous coupe la figure.

Casimir avait joué un rôle de bravache au théâtre et, pour son malheur, il se le rappelait en ce moment.

— Il insulte à la misère du peuple, dit Popaul, un voyou du faubourg Saint-Antoine, à ses deux dignes amis, Polyte et Zidore.

— A qui couperas-tu la figure? lui demanda ce dernier en lui enlevant le pied de l'étrier.

Casimir, n'étant plus en équilibre, oscilla.

— A bas! à bas! criaient les curieux en voyant la triste mine que faisait l'ex-calicot.

— A bas! il faut le mettre à bas? demanda Zidore.

— Oui, oui.

— Peuple, sois satisfait, fit le voyou.

Et enlevant vivemeut la jambe à Casimir, il le fit rouler aux pieds de son cheval.

— Maintenant, fit Popaul, il faut qu'il monte dans la voiture de sa belle, ce faiseur d'embarras ; j'ai des effets en loques, c'est vrai, mais je les ai payés, fit-il avec fierté, et lui n'a même pas payé son chapeau.

Il lançait cette accusation au hasard, mais son indignation parfaitement jouée influença la foule.

Alors Zidore entonna à pleine voix :

> Il n'a pas payé son chapeau,
> Et moi j'ai payé ma casquette...

Ce chant eut un succès fou.

Casimir était comme ahuri ; il regardait à droite, à gauche, et ne voyait partout que des visages ennemis.

Son cheval avait disparu.

— On m'a volé mon cheval! cria-t-il.

— Ton cheval, propre à rien? glapit Guguste.

Pendant ce dialogue, où les interlocuteurs augmentaient à chaque instant, la foule devenait de plus en plus compacte, soit autour de Rose Pompon, prisonnière dans son coupé; soit autour de Casimir qui ne savait plus comment se tirer de ce guêpier; chaque mot qu'il essayait de prononcer était immédiatement couvert par les clameurs de la foule.

On le bousculait, on le menaçait, et, par-dessus toute chose, on se moquait abominablement de lui.

Casimir perdit patience; il savait pourtant qu'il n'avait rien gagné à se mettre en colère.

Ballotté de toute part, ennuyé d'être gourmandé par Rose Pompon, et désireux d'échapper à la foule, il résolut de se frayer un passage. Devant lui se trouvait un vieillard à cheveux blancs; Casimir commit la faute impardonnable de lever sa cravache sur ce vieillard.

Après ce geste, on eût dit qu'une étincelle électrique avait circulé dans la foule.

Chacun se rua sur lui.

Les cannes s'agitèrent, et plus d'un coup lui arriva sur le dos ou dans les jambes; son chapeau fut à moitié défoncé et tomba à terre.; Popaul s'en empara comme d'un trophée.

— Ah! criait-on, le misérable nous menace.

— Ça veut lever la patte sur papa, disait Zidore.

C'était un spectacle curieux que de voir l'unanimité de cette foule, composée des éléments les plus divers, pour flétrir la conduite de Casimir.

— Attends! attends! dirent quelques impatients, nous allons t'administrer une correction.

— Oui, tapez dessus! s'écria, à son tour, Rose Pompon qui, furieuse de n'être pas secourue par son amant, applaudissait à son exécution.

Cette insulte, venant de sa maîtresse, fut plus sensible peut-être à l'ex-calicot que l'humiliante correction qu'il recevait.

Les coups de canne tombèrent comme grêle sur le dos de Casimir qui s'aperçut, cette fois, que tout n'était pas rose dans le métier qu'il avait choisi.

Mais, quand Casimir, copieusement bâtonné, fut parvenu à s'enfuir, la foule, mise en goût par cette exécution, se retourna vers Rose Pompon.

Les plus audacieux voulurent lui faire un mauvais parti ; ils n'eurent pas pitié d'une femme et commencèrent à lui livrer un assaut tellement menaçant que la belle prit peur et se mit à trembler ;

4.

son impudence habituelle l'avait abandonnée : heureusement pour elle que deux gendarmes à cheval vinrent à passer.

— A moi ! à moi ! cria Rose Pompon d'une voix tellement stridente que les militaires accoururent et dégagèrent sa voiture en forçant la foule à s'écarter ; les postillons se hâtèrent de faire prendre le galop à leurs chevaux.

L'effrontée créature ne respira que lorsqu'elle se trouva sur l'avenue de Vincennes.

Mais l'attention de la foule fut bientôt sollicitée d'un autre côté ; les gendarmes allaient avoir à exercer leur autorité sur un autre point.

Dans la ligne où se trouvaient les marchands de coco et autres petits industriels en plein vent, une rixe venait de se produire.

Quand les gendarmes arrivèrent sur le théâtre de l'événement, ils virent deux hommes aux vêtements en loques, au visage meurtri, se roulant dans la poussière.

A terre se trouvaient un baril vide et une pièce de deux sous.

Chacun des agents de l'autorité se chargea de son homme et l'enleva de terre, comme un boucher enlevant un bouledogue qui s'acharne sur sa victime.

— Canaille !

— Voleur !

— Tu m'as ruiné !

— C'est un gueux !

— L'écoutez pas, c'est lui qui a tout bu !

— J'ai payé.

— Et moi aussi.

Dans ce feu croisé d'épithètes, il était assez difficile de deviner ce dont il s'agissait.

— Tenez-vous tranquilles, dit l'un des gendarmes, sinon nous allons vous fourrer au bloc.

Cette menace produisit son effet, et les deux individus, tenus à distance, comme deux chiens rageurs, parvinrent à s'expliquer.

Voici ce qui était arrivé.

Nos deux héros, Borniche et Sasi, avaient eu l'idée d'acheter un petit baril d'eau-de-vie et d'aller le débiter, à deux sous le petit verre, aux courses de Vincennes.

C'était à la fois pratique et moral, et nul n'y pouvait trouver à redire.

Nous les avons vus, il y a quelques heures, montant gravement le faubourg Saint-Antoine, portant chacun sa part du poids du baril à l'extrémité d'un bâton, à l'instar de ces deux Israélites qu'on voit dans les vieilles bibles à gravures portant l'énorme raisin qu'ils ont trouvé dans la terre de Chanaan.

Le soleil était ardent, la route poudreuse; il faisait un de ces temps de soif à boire, sans pouvoir se désaltérer, la Seíne, avec ses poissons et ses bateaux de blanchisseuses.

— Je boirais bien quelque chose, dit Sasi.

Paroles imprudentes, qui devaient amener, comme on le verra plus loin, la ruine de l'association.

— T'es pas gêné, fit observer Borniche; tu oublies que nous sommes marchands et non consommateurs.

Ces paroles étaient dignes de sortir de la bouche d'un sage. Salomon ne les eût pas désavouées.

Pourquoi Borniche ne persévéra-t-il pas dans cette ligne de conduite si prudente!

— Je suis marchand, c'est vrai, fit Sasi; mais si je paye ma consommation, qu'as-tu zà dire?

Borniche ne trouva rien à répondre à cette riposte spécieuse, pas plus qu'à la liaison dangereuse dont elle était ornée.

Ce Sasi avait le fond astucieux; il y avait chez lui l'étoffe d'un Machiavel.

Borniche aurait dû s'en tenir à sa première idée;

la réflexion, qui sauve bien des hommes, fut ce qui le perdit.

— Du moment que tu payes, je n'ai rien à objecter, finit-il par dire.

A partir de ce moment, on peut affirmer que la société était en vidange, en liquidation, voulons-nous dire.

On mit le tonneau à terre et Borniche mesura un petit verre à son associé, qui le paya avec les deux derniers sous qui lui restaient.

Borniche, qui avait épuisé ses capitaux au profit de l'association, n'eut pas plus tôt ces deux sous en sa possession que le feu de la convoitise s'alluma dans son gosier.

— C'est égal, hasarda-t-il, je boirais bien quelque chose.

— Ah! mais dis donc, fit Sasi en protestant.

— Je fais comme toi, je paye, répondit fièrement Borniche.

On était alors arrivé au coin de la rue de Reuilly; le tonneau fut posé à terre, et Sasi, devenu marchand à son tour, versa un petit verre à son ami, et en reçut en payement les deux sous qu'il lui avait versés auparavant.

— Voilà de la crâne eau-de-vie, fit Borniche en

s'essuyant les lèvres avec le revers de sa main.

— C'est une riche idée que nous avons eue là : nous ferons des affaires d'or. Tu dis que l'eau-de-vie est crâne ? Je n'ai pas pu la goûter, il faut que j'en prenne un second verre.

— Comment, un second verre ! exclama Borniche stupéfait.

— Puisque je le paye !

— C'est différent, je ne puis m'y opposer, répondit Borniche.

Celui-ci versa le petit verre et encaissa de nouveau les deux sous.

De la rue de Reuilly à la barrière du Trône, il n'y a pas loin ; mais quand le temps est lourd et qu'on est chargé, on trouve la route longue.

Afin de l'abréger, Sasi et Borniche la partagèrent en un nombre indéfini de stations, qui augmentèrent encore de la barrière du Trône à Vincennes ; chaque fois qu'on s'arrêtait, on buvait un petit verre.

Mais les choses se passaient consciencieusement et régulièrement : chacun ne buvait que lorsque les deux sous étaient rentrés en sa possession, et les deux sous allaient d'une poche à l'autre.

— Quelle magnifique recette nous avons faite, disait naïvement Sasi.

— Il n'y a que moi pour avoir des idées comme ça, répondait Borniche en trébuchant.

Enfin les deux associés arrivèrent tant bien que mal à Vincennes; mais là Borniche constata avec stupeur qu'il n'y avait plus d'eau-de-vie dans le tonneau.

— Combien as-tu en caisse? demanda gravement Sasi à son associé.

— Deux sous, dit celui-ci en tirant de son gousset et avec fierté l'unique décime qui avait passé et repassé de main en main, de poche en poche, sans avoir multiplié.

— Le tonneau est vide et il n'y a que deux sous en caisse! exclama Sasi avec stupeur, alors tu as détourné les fonds et tu es un filou!

La discussion, une fois sur ce ton, ne pouvait que dégénérer en querelle.

Nos lecteurs savent le reste.

Borniche et Sasi, leur tonneau et leur pièce de deux sous, l'auteur bien involontaire de tant de mal, furent emmenés au poste de la mairie de Vincennes, et mis à la disposition du commissaire de police.

Cette scène avait fait oublier Rose Pompon qui, une fois hors de danger, reprit son aplomb ordinaire, et eut l'audace d'ordonner aux postillons de descendre l'avenue de Vincennes jusqu'à la barrière du Trône.

Mollement étendue dans sa voiture, affectant de nouveau les poses calmes, les airs de grande dame, Rose s'apprêta à traverser le faubourg Saint-Antoine.

Avait-elle le vertige ?

Comment s'avisait-elle de passer par cette rue où elle était si connue? où elle pouvait se croiser avec les membres de sa famille? où elle pouvait encore entendre la voix d'un affreux gamin lui rappeler son origine, qui était honnête, pour lui jeter ensuite à la face son titre de fille entretenue qui était sa honte.

Des hommes et des femmes, stationnés près du marché Lenoir, l'avaient bien reconnue au moment où elle se rendait aux courses.

Dans la gommeuse qui regardait chacun du haut de sa grandeur éphémère, ils avaient retrouvé la petite Victorine, la fille au menuisier Lelong, habitant depuis nombre d'années la rue Saint-Bernard.

Rose Pompon tomba de fièvre en chaud mal, comme on dit.

Une population hostile la guettait au retour des courses.

Une cinquantaine d'effrontés moutards n'eurent pas plus tôt aperçu son équipage qu'ils se prirent à courir après, l'entourant et poussant des cris dans le genre de ceux-ci :

— Ohé ! Victorine, ohé! t'as beau faire la grande dame, ça ne durera pas toujours.

Rose Pompon ordonna d'aller au grand trot; mais la foule était devenue trop compacte; elle se rappela que Demarsais avait failli écraser son beau-père, et elle n'osa pas ordonner davantage à ses postillons d'aller plus vite.

Elle se contenta de leur dire de changer de direction et de prendre par la rue Traversière; car aux bruits de la foule commençaient à succéder des projectiles de toute nature.

Les postillons qui ne s'étaient jamais trouvés à pareille fête, juraient et sacraient, mais sans pouvoir rien obtenir du populaire.

— Vous êtes de bons enfants, leur disait-on, mais elle, c'est une drôlesse. Il faut qu'elle descende de voiture et traverse le faubourg à pied.

— Oui, oui !

— A pied ! à pied !

Quelques sergents de ville voulurent s'interposer.

— Suppôts du pouvoir, hurla Popaul qui était complétement ivre cette fois, laissez accomplir la justice du peuple!

Les sergents de ville ne pouvant arriver jusqu'à Rose Pompon, se contentèrent de capturer Popaul qui, avec le chapeau bossué de Casimir sur la tête, affectait des prétentions à la bonne tenue et à la distinction.

— Je ne descendrai pas, criait pendant ce temps Rose Pompon, pâle de colère plutôt que d'émotion.

— Faut pas dire ça, ma fille, fit une voix.

Et, en même temps, elle fut enlevée et déposée sur le pavé.

Postillons et voiture disparurent en un clin d'œil.

Ce fut un moment terrible pour la courtisane; peut-être comprit-elle qu'il y aurait folie de sa part à vouloir braver cette foule menaçante.

Les hommes la regardaient avec des rires cyniques; les femmes la toisaient du regard avec des gestes méprisants.

— La voilà! disaient-elles. C'est elle, une fille entretenue! Sa vertu est sur son dos.

Pourtant, dans cette circonstance critique, il se trouva deux hommes pour la protéger, et aucune bourrade ne défraîchit la somptueuse toilette de Rose Pompon.

L'ancienne lingère avait cruellement souffert dans ces quelques instants.

Quand elle fut parvenue sur la place de la Bastille, la foule cessa de la huer et de la harceler.

Les deux hommes, qui l'avaient accompagnée jusque-là, avisèrent un fiacre vide et l'y firent monter vivement.

— Où faut-il vous conduire? demanda l'un.

— Au coin de la rue Taitbout. Messieurs, dit-elle, je vous remercie de l'appui que vous m'avez prêté, et je vous en aurai une éternelle reconnaissance.

— Vous ne nous devez rien, répondit brusquement l'ouvrier qui l'avait fait monter dans le fiacre ; c'est par égard pour votre père qui est un honnête homme, que nous avons fait cela, et non pour vous qui déshonorez sa vieillesse.

Rose Pompon avait bien souffert, mais ce dernier coup fut le plus terrible pour elle.

Elle était donc tombée bien bas que les hommes qui l'avaient protégée ne voulaient même pas de ses remerciements.

Lorsqu'elle rentra chez elle, son front était baigné de sueur ; tous ses membres s'agitaient encore sous l'impulsion d'une colère intérieure ; ses yeux fatigués exprimaient néanmoins le sentiment haineux qui animait cette femme outragée au delà de toute expression.

— Emile et Casimir me payeront cela ! dit-elle. Oh ! je me vengerai !

VI

En entrant dans sa salle à manger, Rose Pompon se jeta sur une chaise ; mais à peine était-elle assise que sa femme de chambre se présenta.

— Qu'y a-t-il? lui demanda-t-elle en lui jetant un regard irrité ; car dans la situation d'esprit où elle se trouvait, elle rendait tout le monde responsable de l'humiliation qu'elle venait de subir.

— Madame, c'est ce vieux monsieur qui vous a déjà demandée.....

— Faites entrer, dit-elle ; ce fournisseur m'ennuie, je vais m'en débarrasser rondement.

Elle savait parfaitement que c'était son père ; mais peu lui importait, il lui fallait quelqu'un pour supporter son ressentiment ; son père se présentait, c'était lui qui devait souffrir.

— Il va étrenner, le bonhomme! se dit-elle.

Chaque fois que les locutions faubouriennes ve-

naient à la bouche de Rose Pompon, on pouvait être
certain qu'elle était en proie à une violente colère.
On doit voir également par ce qu'elle venait de dire,
quel respect elle portait à son père.

En un tour de main, elle répara le désordre de
sa toilette et se tint prête à recevoir avec une froideur qui touchait à l'impudence, celui — comme
elle disait parfois — qu'elle avait le malheur d'avoir
pour père.

— Vous voilà, lui dit-elle durement en le voyant
entrer.

Qu'on juge de l'étonnement de ce père qui
croyait que sa vue allait produire quelque émotion
salutaire sur sa fille, en l'entendant parler ainsi!

Il y avait chez le père de cette malheureuse
quelque chose de l'ancien soldat : le front bas,
l'œil gris, les cheveux ras, la parole brève; tel
était celui que, par respect autant que par sympathie, les ouvriers de son atelier appelaient le père
Lelong; deux congés dans un régiment de ligne lui
avaient donné cet aspect de vieux troupier.

Le père Lelong n'avait qu'une intelligence ordinaire et ne connaissait que l'obéissance; il était
brave devant le danger, mais la faiblesse était le
fond de son caractère.

— Que venez-vous faire ici? lui demanda Rose Pompon.

— Je viens voir si j'ai encore une fille; malgré ma profonde répulsion, par pitié pour toi, qui ne peux être complétement déchue, je n'ai pas hésité à venir te poursuivre jusque dans ton somptueux appartement. Je suis venu hier soir...

— Je le sais, interrompit Rose Pompon.

— On te l'a dit ?

— Je vous ai vu.

— Tu m'as vu, et tu as eu l'impudence de me faire refuser ta porte ?...

— Et ma mère ? fit Rose pour changer la direction de la conversation.

— Votre mère se porte bien ; elle ignore à peu près la conduite que vous menez.

Rose ne put réprimer une moue de mécontentement.

Mais, comme honteuse d'avoir subi sans mot dire cette mercuriale, elle reprit du ton insolent qui lui était habituel :

— Vous ne venez pas chez moi pour me dire des injures, j'imagine ?...

Le vieillard fut presque décontenancé par cette

brusque apostrophe; il perdit l'énergie factice dont il s'était armé.

— Victorine, reprit-il, je voudrais causer un moment avec toi et t'adjurer au nom du ciel, au nom de ta mère, au nom de mes cheveux blancs, de réfléchir sur toi-même.

— A la bonne heure, parlons comme cela.

— Ma vie, continua le vieillard, a toujours été honorable, et personne jusqu'ici n'a eu le droit de me faire rougir. Victorine, tu veux donc toujours vivre loin de nous ? Tu veux donc rompre avec ce passé honnête, qui était notre joie et notre consolation ? Ton malheur...

— Mon malheur, interrompit Rose Pompon en montrant à son père son riche ameublement, mon malheur ne me déplaît nullement. Chez vous j'avais à peine de quoi manger, maintenant je nage dans l'opulence.

Le père Lelong sentit une larme couler le long de sa joue.

— Victorine, dit-il, voyait sa mère tous les huit jours, et maintenant elle ne la voit plus.

— Ah ! c'est que la rue Saint-Bernard est bien sale !

— Ta mère pleure, ma fille.

— Eh ! bien, que ne vient-elle me voir !

Une seconde larme humecta la paupière de ce père infortuné, qui demeura silencieux dans le fauteuil où il s'était laissé tomber.

Il y eut un de ces silences qui présagent une explosion.

Rose Pompon, visiblement gênée et entraînée par les paroles de son père, se mit à marcher de long en large.

— Que voulez-vous ? s'écria-t-elle, que je retourne chez vous, n'est-ce pas ? dans une maison où l'on m'insultera, comme on vient de le faire dans le faubourg Saint-Antoine. Allons donc, ça n'est pas possible.

— Je serai là pour te défendre, ma fille !

— Vous ?

Cette simple interrogation fut prononcée par Rose Pompon d'une telle façon que son père y vit la critique la plus amère de la faiblesse qu'il avait eue pour elle.

— Si je suis ici, continua-t-elle, c'est par votre faute.

Le vieillard, sous ce reproche, se leva brusquement.

5.

Mais tout à coup, semblant se reprocher ce moment de vivacité :

— Oh ! murmura-t-il en se cachant le visage dans ses mains.

— Non, continua Rose Pompon d'une voix sourde, ce n'est pas de votre faute, mais c'est celle de votre situation. Qu'avez-vous fait de moi ? une demoiselle de magasin, quand j'aurais dù être une ouvrière. Oui, vous avez écouté ma marraine qui rêvait les grandeurs pour moi. Vous m'avez mise dans un magasin ; là, au contact de toutes ces choses qui constituent le luxe, pour lequel je me sentais née, j'étouffais, j'éprouvais le supplice de Tantale. Oui, je fus dévorée du désir de briller, d'être bien mise, comme les femmes qui venaient au magasin contenter leurs fantaisies et leurs caprices. Mes désirs... je n'ai jamais pu les contenter... Mon premier amant m'a séduite avec une robe de laine ; mon second avec des bijoux en imitation.....

— Victorine ! Victorine ! tu mens, tu n'as pas fait cela ?

Mais celle-ci, sans s'inquiéter des protestations de son père, qui ne demandait qu'à être trompé, pour croire que sa fille était encore digne de lui, ou du moins que tout espoir de la ramener au bien n'était pas perdu, continua d'un ton sec et cynique :

— A mon troisième amant, je me suis vengée ; je me suis souvenue que j'étais une fille du peuple naguère menée à mal par un fils de bourgeois. Eh bien ! mon troisième amant a payé pour les autres... et je ne m'arrêterai peut-être qu'après l'avoir ruiné jusqu'au dernier sou. Tant pis pour lui, il n'avait qu'à se présenter le premier.

Le pauvre père croyait rêver en entendant ces paroles sortir de la bouche de sa fille.

— N'achève pas !... n'achève pas !... je t'en supplie ! dit-il.

Mais Rose Pompon, sans tenir compte des supplications de son père, ajouta avec un léger ricanement :

— Que voulez-vous ? Il faut une force hors ligne pour préférer la vertu, c'est-à-dire la misère. J'ai été faible, j'ai succombé..... Oh ! la faiblesse est un défaut de famille, et la preuve c'est que vous, mon père, vous m'aimez encore !

— Oui, je t'aime encore, ma fille, répondit le vieillard qui fondit en larmes.

— Et vous avez raison de m'aimer, dit la courtisane en essayant de prendre la tête de son père dans ses deux mains. Ma perte sera un exemple pour mes deux sœurs que je doterai. Dame ! le système des compensations n'a pas été inventé pour rien, et il faut convenir que ce système rachète bien des choses. Les filles comme moi, dit-on, ont un cœur de pierre; mais ces godelureaux que nous plumons, qu'ont-ils donc ? Ils n'auront pas le temps et encore moins l'esprit de faire la cour à une femme, de l'aimer profondément, de lui sacrifier le plus mince plaisir. Rien. Comprenez-vous ? Nous vivons dans un siècle qui marche à la vapeur... Pas de sentiment. Les hommes veulent du plaisir facile et on leur en sert; voilà tout.

— Oh ! je comprends bien que tu es tout à fait perdue, dit le père de Rose. Mais j'espère encore t'arracher à l'abîme. Ma fille ! ma fille ! au nom du ciel, reviens à de meilleurs sentiments ! Je t'en supplie à genoux !

Et le pauvre homme tomba à genoux, croyant émouvoir ce cœur de rocher; mais Rose, se regardant dans une glace et ajustant sa coiffure, parut peu émue de cette scène.

— Mon père, j'entends vivre à ma guise.

— Mais tu ne crains donc rien ? Si l'amour d'un

père ne peut te sauver, l'idée de l'abandon de cet homme qui te donne ce luxe.....

— Après lui, un autre.....

— Mais le remords que la débauche doit causer tôt ou tard.....

— Le remords, qu'est-ce que c'est que ça ?

— Ton âme! Dieu qui te voit !

— Est-ce que tout cela existe ! fit froidement la courtisane.

— Ne blasphème pas! Ta logique est impitoyable.

— Vous avouez presque que j'ai raison.

— Mais tu ne crois donc plus à rien ? Tu ne te rappelles donc plus ce jour où, vêtue de blanc, semblable à une vierge.....

— Ah ! assez de vierge comme ça !

Une réaction se produisit chez le vieillard.

— C'en est trop! dit M. Lelong en se levant brusquement. Adieu, ma fille, tu m'épouvantes; tu es perdue, car ton inconduite t'a même enlevé les dernières ressources, celles du repentir.

Et il s'enfuit, courant comme un insensé, fermant sur lui la porte avec fracas, et, voyant que tout était bien fini, quitta cette maison maudite pour n'y plus revenir.

Rose Pompon demeura pendant quelque temps à la même place.

— Bon cœur, dit-elle, mais pas de tête ; le voilà maintenant qu'il tombe dans la prêtraille.

VII

Sommaire : Situation du père Lelong. — Chômage et misère. — Entrevue de deux femmes malheureuses.

Non-seulement le chômage avait visité le père Lelong, mais encore la maladie était entrée chez lui. La plus jeune de ses filles était gravement malade.

La mère ne voulait pas qu'on mît sa fille à l'hospice des Enfants-Malades, et pourtant elle allait être obligée, avant peu, d'en venir là, car les ressources diminuaient chaque jour.

Le père Lelong n'avait pas tout dit à sa fille, lorsqu'il était allé la voir; il ne lui avait pas dit qu'il n'avait plus d'argent pour acheter des médicaments pour sa jeune sœur et pour se procurer du pain; que le Mont-de-Piété avait englouti toutes ses hardes et son linge.

L'affreuse misère régnait en souveraine dans la maison du pauvre; la mère seule avait un peu d'ouvrage; elle arrivait en travaillant douze à quatorze heures par jour à gagner un franc, et il fallait que quatre personnes vécussent sur ce gain si minime.

C'était au lendemain de la visite faite par Lelong à sa fille; le bonhomme était assis près de la fenêtre, la tête posée dans ses mains, le coude sur ses genoux; ses yeux allaient du lit où était étendue sa plus jeune enfant à sa femme qui cousait une de ces grosses toiles dont on fait des sacs pour la troupe.

— Comment! tu n'as pu découvrir notre fille hier? lui demanda sa femme.

— Non, répondit sèchement le bonhomme toujours sombre.

— C'est singulier.

— Comment cela?

Sa femme ne répondit pas.

— Pourquoi ne réponds-tu pas? demanda-t-il.

— Pourquoi me caches-tu la vérité?

— N'y a-t-il pas assez de moi...

Il s'interrompit.

— Lelong, tu sais quelque chose?

— Oui, mais...

— Tes réticences ne m'empêcheront pas de deviner la vérité : Victorine est perdue pour nous.

— Oui, répondit le vieillard d'une voix sourde.

— Et d'une, fit la femme.

— Que veux-tu dire ? demanda le père Lelong en relevant la tête brusquement et en la regardant avec effarement.

— Je veux dire que Dieu en nous donnant trois filles nous a maudits.

— Ne dis pas cela ; celles qui nous restent sont encore des enfants !...

— Victorine aussi a été une enfant !

— L'exemple de leur sœur......

— L'exemple de leur sœur, interrompit leur mère ; oh ! vraiment il est édifiant ; tu crois, parce que je ne t'ai rien dit jusqu'alors que j'ignore la conduite de notre fille ? chacun dit que c'est son patron qui l'a débauchée, eh bien, moi, je crois le contraire.

— Ah ! mon Dieu !

— Il ne s'agit pas de se désoler ; elle est perdue pour nous et tes pleurs ne serviront à rien ; on m'a dit qu'elle avait chevaux, voiture, appartement, domestiques ; et tu veux que ses deux sœurs soient effrayées et que cela leur donne l'envie de faire leur droit chemin ? Les filles perdues sont les reines du jour, tout le monde s'en occupe ; ah ! si

chacun s'en détournait ; si elles étaient conspuées
et montrées au doigt ; si les honnêtes gens s'écar-
taient sur leur passage, il y aurait peut-être quelque chance que cette honte publique donnerait à
réfléchir à celles qui seraient tentées de suivre leur
exemple ; mais en est-il ainsi ?

— Non, répondit tristement le bonhomme.

— Eh ! bien, tout fait supposer que les petites
suivront les traces de leur sœur ; qu'as-tu à leur
offrir ? un travail ingrat et mal rétribué, quelques
beaux jours clair-semés, et la misère en perma-
nence.

— Et la paix de la conscience... ajouta Lelong.

— La paix de la conscience ! si quelqu'un doit la
posséder, c'est toi, assurément ; tu as toujours fait
ton devoir comme ouvrier, comme fils, comme
époux, comme père ; où en sommes-nous arrivés ?
à voir la misère régner ici, à voir une fille qui
traîne notre nom dans la boue....

La mère de Victorine, comme on a pu le voir
par ces quelques phrases échangées avec son mari,
était une femme énergique ; mais joignait à ce caractère presque viril, un grand fond d'honnêteté
et toutes les vertus domestiques.

Sa fille aînée n'avait que son énergie.

Dans ce que disait cette femme du peuple, n'y avait-il pas quelque chose de profondément vrai ?

N'est-ce pas avec un sentiment de douleur profonde qu'on voit la prostitution s'étaler effrontément dans Paris, et régner en souveraine ?

Autrefois elle se réfugiait dans les carrefours, dans les rues sombres et humides ; elle avait peur du soleil et n'osait se produire au grand jour.

Aujourd'hui, il n'en est plus de même ; elle se montre en plein soleil ; elle tient le haut du pavé.

La fille entretenue a son hôtel ; sa maison est montée sur un grand pied ; elle a chevaux, voiture, diamants ; elle a ses jours de réception ; il est de bon ton de fréquenter ses salons ; on s'y coudoie avec ce qu'on est convenu d'appeler le meilleur monde ; les hommes y portent leurs décorations, et, dans les soirées de ces filles, comme dans celles du monde officiel, on parle politique et finances.

La mère de Victorine avait donc bien raison quand elle disait que l'exemple de celle-ci, loin de profiter à ses sœurs, ne pouvait que leur être préjudiciable.

— Il faut que je sorte ! dit brusquement madame Lelong.

— Où veux-tu aller ? lui demanda son mari inquiet.

— Je veux voir si je trouverai notre fille.

— Ne sors pas, je t'en prie !

— Que crains-tu ?

— Tu t'emporteras !

— Non, je veux savoir à quoi m'en tenir, voilà
tout.

Lelong n'osa dire à sa femme qu'il avait vu Victorine la veille.

Madame Lelong s'en fut au magasin où sa fille
avait été occupée.

Elle alla droit aux appartements de Demarsais.

Mais on n'y pénétrait pas facilement, une con-
signe sévère y était établie, et il fallut qu'elle par-
lementât avec un valet de chambre.

— Si M. Demarsais ne peut pas me recevoir, dit-
elle d'un ton ferme, conduisez-moi auprès de madame.

— C'est impossible.

La mère de Victorine ne brillait pas par la patience.

— Dites à votre maître ou à votre maîtresse que
si je ne suis pas reçue à l'instant, je vais de ce pas
chez le commissaire de police.

Cette réponse énergique fit réfléchir le valet de chambre; c'était un garçon qui avait vu le monde par ses petits côtés et qui avait assisté à plus d'un scandale intime ; il craignit qu'en congédiant cette femme sans avertir madame Demarsais, il ne survînt quelque complication fâcheuse, il alla trouver la femme de chambre et lui raconta ce qui se passait.

Celle-ci courut prévenir sa maîtresse.

Madame Demarsais eut assez de force pour se contenir.

— Faites entrer cette femme, dit-elle simplement. Mon Dieu, se dit-elle, qu'a pu donc faire mon mari, pour qu'ici, dans sa demeure, on vienne menacer du commissaire de police?

. Madame Lelong avait épuisé toute son énergie, et, quand elle se trouva dans ce salon luxueux dont la garniture de cheminée seule eût été une fortune pour elle; quand elle se trouva en présence de cette dame, mise avec tant de goût et de luxe, elle ne put s'empêcher de faire un retour sur sa triste condition.

— Que demandez-vous, madame? dit madame Demarsais.

— Ma fille!

— Votre fille!

— Oui, madame.

— Et qui êtes-vous ?

— Une malheureuse mère ; je n'avais qu'une fille sur laquelle nous comptions dans la détresse qui nous accable ; par protection on obtint de la faire entrer chez vous..,

— Chez moi ! fit madame Demarsais surprise. Vous vous trompez : je connais toutes mes bonnes, et il y a longtemps qu'elles sont à mon service. Comment vous appelez-vous ?

— Lelong.

— Ce nom m'est complétement inconnu.

En effet, madame Demarsais ne connaissais la lingère que sous le nom de Victorine.

— Ma fille se nomme Victorine.

— Ah ! très-bien. Et que puis-je faire pour vous ?

— Je ne sais, madame ; depuis quinze jours, je ne vis pas ; je vois que ma fille est perdue et cependant je ne puis y croire ; je m'étais décidée à la placer ici parce qu'on m'avait dit que la maison de commerce de M. Demarsais était une maison respectable ; me suis-je trompée ?

— Oui, dit avec force madame Demarsais.

— Vous, sa femme, vous me répondez ainsi ! C'est donc bien vrai ?

— Savez-vous chez qui vous êtes ? lui dit la jeune femme avec exaspération.

Et sans lui donner le temps de répondre :

— Vous êtes chez la femme de celui qui entretient votre fille.

— Ah ! mon Dieu !

— Ce luxe que vous voyez ici, cet air de fête, d'abondance, tout cela est faux ; mon mari m'a sacrifiée à votre fille, comme avant il m'avait sacrifiée pour une autre ; il porte chez elle ses sourires, son argent, sa gaieté ; il me ruine pour elle.

— Ah ! madame, pardonnez-moi ; si j'avais su, je n'eusse jamais osé me présenter ici.

— Loin de ma pensée de vous accuser, pauvre mère. Savez-vous ce que votre fille a fait hier, aux courses de Vincennes ! J'y étais avec mon père ; à quelques pas de moi, cette malheureuse trônait dans un coupé conduit en poste !

— Si j'avais été là !...

— Qu'eussiez-vous fait ?

— Je ne sais, mais il lui serait arrivé malheur.

— Eh bien, elle a été assez dépravée pour décider un jeune homme à venir près de ma calèche pour dire à un de mes parents : « Vous voyez bien dans ce coupé cette jolie personne, eh bien, c'est la maîtresse de M. Demarsais. »

— La misérable !

— Depuis hier j'attends mon mari.

— Et je suis venue raviver votre douleur !

— Calmez-vous ; mais vous m'avez dit que vous étiez malheureuse...

La mère de Victorine fit un geste de dénégation.

— Parlez sans crainte ; je ne suis pas riche, mais je puis vous venir en aide.

— Plus tard, madame ; mais pas en ce moment.

— Laissez-moi du moins votre adresse.

— Je reviendrai, madame.

Et elle se retira sans vouloir rien accepter.

VIII

Sommaire : Ce qu'était la famille de Létang. — Le Président Renaud. — Un mariage projeté. — Escapade d'Emile.

Le père du jeune de Létang était un homme estimable, possesseur d'une assez grande fortune, et qui s'était mis dans l'idée d'épargner à son fils les déboires de la vie.

— J'ai gagné assez d'argent pour lui et moi, disait-il parfois, mon fils suivra les cours de l'école de droit, et plus tard, s'il tient à être quelque chose, il achètera une étude de notaire ou d'avoué.

Et par cette raison qu'il possédait et que son fils pouvait se passer de devenir quelque chose, M. de Létang ne s'occupait pas de la façon dont Émile suivait les cours ; comme il était assez riche pour payer les folies que son fils pouvait faire, il ne surveillait pas ses amis ; il ne s'inquiétait pas de ses relations.

M. de Létang, malgré tout son savoir-vivre et

6

son esprit, en était arrivé à devenir un père de comédie; sa bonté pour son fils touchait au ridicule.

Parfois pourtant il lui faisait quelques rémontrances, mais alors c'était dans le genre de celle-ci qu'il lui fit une fois :

— Il m'est venu aux oreilles que tu fréquentes un monde interlope ; tu peux y aller de ta bourse, mais tâche de ne pas y laisser ton honneur et ta santé... Je ne songe pas à te réglementer ; cependant ménage ta fortune.

Or, Émile possédait, par suite d'une donation d'un de ses oncles maternels, une somme de trois cent mille francs, ce qui mettait à sa disposition de douze à quinze cents francs par mois pour ses menus plaisirs : ce qui était un assez joli chiffre.

La mère, peut-être plus clairvoyante, était par moments effrayée des dépenses de son fils.

— Mais à quoi peut-il employer son argent?

— A quoi? à quoi? répondait le père; un jeune homme est bien embarrassé pour dépenser...

— Tu devrais t'occuper davantage de ce qu'il fait; suit-il seulement les cours ? C'est à peine si on le voit; pourvu qu'il vienne ce soir...

— Oh ! pour cela, n'aie aucune crainte; il voit combien je porte d'estime à ce cher président, et puis...... et puis......, ajouta M. de Létang, d'un air entendu, n'y aura-t-il pas mademoiselle Jeanne?

— Mais il l'a vue toute enfant !

— Qu'est-ce que cela fait? ou plutôt cela fait beaucoup ; ils se rappelleront le temps où ils jouaient au papa et à la maman... C'était le bon temps alors, même ce bon temps peut revenir d'une façon beaucoup plus sérieuse, plus charmante ; ce qui n'était que jeu pourra devenir une réalité.

— Quoi! tu penserais...

— Certainement. Eh! mon Dieu, pourquoi t'en ferais-je un mystère plus longtemps ; il est presque, — le mot presque est de trop, — il est entendu, dis-je, avec le président que, si les jeunes gens se conviennent, on ne mettra aucun obstacle à leur inclination, on les mariera.

— Si jeunes !

— On ne se marie jamais trop tôt, quand c'est pour être heureux ; tu avais dix-sept ans et moi vingt, quand nous nous sommes mariés ; trouves-tu que nous nous sommes mariés trop jeunes ?

— Oh! non, mais aussi tu étais plus sérieux que ne l'est Émile.

— Il le fallait, puisque notre fortune était à faire ; il n'en est pas de même pour Émile qui a eu la chance de trouver une fortune toute faite. Aussi c'est pour compenser ce travail opiniâtre qui a fait de moi un homme sérieux que je lui permets de vivre à sa guise ; il s'en fatiguera bientôt et alors il comprendra qu'on ne trouve le vrai bonheur qu'auprès d'une femme que l'on aime.

Cette théorie parut peu convaincre madame de Létang.

Son mari appartenait, sans s'en douter, à cette catégorie de gens qui croient que c'est lorsqu'un homme est usé par la débauche qu'il peut faire un excellent mari.

Cependant l'heure du dîner approchait, et Émile ne paraissait pas.

M. de Létang, tout en cherchant à dissimuler les sentiments qui l'agitaient, n'en tirait pas moins sa montre à chaque instant.

— Cinq heures et demie, et Emile n'est pas là ! Est-ce que par hasard il commettrait l'inconvenance de ne pas venir ? Je vais envoyer à son cercle.

— J'y ai envoyé, mon ami.

— Mais où peut-il être ? Et le président qui est exact comme un chronomètre ; impossible de lui cacher l'absence de ce polisson.

— Ne te fâche pas, mon ami ; tu sais bien comme cela te rend malade.

— C'est facile à dire...

Mais aussi pourquoi M. de Létang père offrait-il à dîner à son ami le président un soir de première représentation aux Délassements-Comiques, où tout ce que l'on est convenu d'appeler le Paris élégant s'était donné rendez-vous ?

Et pourtant cette première représentation était loin d'être ce qu'on appelle un événement littéraire. Il ne s'agissait que d'une de ces pièces émanant d'un faiseur habile ; seulement elle avait été écrite pour le début d'une ingénue du quartier Bréda.

Oui, une de ces charmantes filles qui se plaisent à efteuiller des roses, avait senti le besoin de s'exhiber en public ; elle, aussi, avait soif de popularité ; après avoir été acclamée par le Paris viveur, elle voulait enlever les suffrages du Paris artiste.

Son protecteur, une de ces belles nullités qui abondent, porteur d'un de ces grands noms historiques qui écrasent, avait payé une assez forte somme à un directeur pour les débuts de sa belle ; on n'évaluait pas à moins de trente mille francs la dépense que lui occasionnerait la fantaisie artistique de sa maîtresse ; afin de lui donner le temps de s'a-

guerrir, il avait loué la salle pour trois représenta-
tions.

Aussi on peut dire que les débuts de la dame se
passaient en famille; à part quelques journalistes
qui faisaient presque tache dans une réunion aussi
aristocratique, mais dont pourtant on n'avait pu se
passer, la salle n'était composée que de ce monde
de désœuvrés qu'on a appelés tour à tour : musca-
dins, mirliflores, lions, dandys, gandins, petits-
crevés, gommeux.

Emile ne pouvait manquer une telle soirée.

— D'honneur! ta présence est nécessaire, lui
avait dit un de ses amis qui s'était acquis une grande
réputation d'élégance en patronnant un chapeau
d'allumeur de réverbères et un pantalon en toile à
matelas.

— Mon cher, papa reçoit ce soir un président de
cour et sa fille.

— Raison de plus pour venir, et puis c'est très-
chic de faire poser papa; quand la délicieuse Merluchette, — c'était le nom de guerre de la débutante, — saura que pour elle tu as faussé compagnie à un magistrat et à sa fille, elle t'en saura bien
plus gré.

L'espoir de plaire à une aussi belle personne

avait séduit Emile; et voilà pourquoi il ne paraissait pas au dîner.

A six heures précises, on annonçait M. le président Renaud et sa fille.

Le président avait un visage qui, au premier aspect, prévenait en sa faveur; il n'avait peut-être pas ce grand air qui convient à un magistrat, mais il y avait en lui un parfum d'honnêteté qui séduisait.

Jeanne, sa fille, était délicieusement belle; à son entrée dans le salon, elle courut embrasser madame de Létang.

— Comme vous êtes grande, comme vous êtes belle, lui dit celle-ci, en répondant aux caresses de la jeune fille.

— J'ai donc l'air d'une bien grande dame que vous ne me tutoyez plus?

— Mais je n'oserais jamais.

— C'est qu'alors vous m'aimez moins qu'autrefois.

— Je t'aime moins !

— C'est plus que je ne voulais dire, fit Jeanne en embrassant madame de Létang.

Le président avait serré la main de M. de Létang et, après avoir cordialement embrassé madame de Létang :

— Je ne vois pas Emile, dit-il en jetant un regard dans le salon.

Jeanne n'avait pas demandé après le jeune homme, mais elle s'était aperçue de son absence bien avant son père.

— Il ne viendra pas, répondit madame de Létang avec un certain embarras.

Le président regarda son ami.

— Serait-il malade? demanda Jeanne étourdiment.

— Oui, il est indisposé.

Et madame de Létang en faisant cette réponse, regardait fixement son mari pour l'engager à se modérer ou tout au moins à se taire.

— Qu'y a-t-il de vrai dans cette absence? demanda le président à voix basse en prenant le bras de son ami et en le conduisant à l'extrémité du salon.

— Il y a, mon cher président, répondit M. de Létang qui ne savait pas mentir, qu'Emile devait être ici à cinq heures et qu'il a oublié l'heure.

— Je crois que voici un domestique qui veut vous parler, dit le président.

En effet, à la porte du salon se tenait le valet de chambre de M. de Létang.

Jeanne s'était retournée quand elle avait entendu ouvrir la porte, croyant que c'était Emile ; car, pas plus que son père, elle n'avait été la dupe du petit mensonge fait par madame de Létang pour excuser son fils.

Le président avait quitté le bras de son ami.

— L'avez-vous découvert ? demanda M. de Létang à son domestique.

— M. Emile est aux Délassements-Comiques ; ce soir ont lieu les débuts de mademoiselle Merluchette et tout le Paris fashionable assiste à cette représentation ; il est probable que monsieur n'aura pas pu se dispenser d'y aller.

Le valet de chambre avait dit cela avec un grand sérieux.

Ces noms de Merluchette et de Délassements-Comiques avaient produit à l'oreille de M. de Létang la plus désagréable cacophonie qu'on puisse imaginer.

Pendant ce temps, le président qui s'était éloigné par discrétion, s'était rapproché de madame de Létang et de sa fille.

— C'est au cercle de M. Emile que j'ai appris cela, continua le valet ; mais je ne me suis pas contenté de ces renseignements ; j'ai pris une voiture,

je me suis fait conduire aux Délassements-Comiques où j'ai eu l'honneur de voir M. Emile.

— Mon fils est aux Délassements-Comiques?

— La salle est admirablement composée ; mademoiselle Merluchette a un public de choix pour ses
débuts.

— Vous avez parlé à Emile ?

— Avec beaucoup de peine : on ne voulait pas
me laisser entrer.

— Que vous a-t-il répondu?

— Qu'il ferait son possible pour se trouver ici
vers neuf heures.

M. de Létang était peu patient ; il donna sur le
parquet un violent coup de talon qui fit tressaillir
sa femme.

— Il me payera cette incartade et ce manque
d'égards.

M. de Létang voulait bien que son fils pût commettre toutes les folies qui lui passeraient par la
tête, mais il n'entendait pas en supporter les conséquences.

— Faites enlever le couvert de mon fils, dit-il
brusquement au domestique.

M. de Létang vit bien que sa femme brûlait du
désir de l'interroger.

— Nous serons, ce soir, tout à fait privés de la présence de notre fils ; si vous le voulez bien, mon cher président, nous passerons dans la salle à manger.

Jeanne était toute distraite depuis que le domestique était venu parler à M. de Létang ; elle se posait cette question :

— Que peut-il être arrivé pour que M. Emile n'assiste pas au dîner ?

On pense qu'une fois l'imagination de la jeune fille ouverte par ce thème, elle pouvait aller plus loin dans la voie des conjectures ; Jeanne tout en travaillant à son métier à broder, avait fait, elle aussi son petit roman ; elle se doutait bien qu'on lui réservait M. de Létang fils pour mari ; dans ces rêves faits près de la fenêtre ou dans les allées du jardin paternel, elle ne songeait pas un seul instant à venir habiter Paris ; elle comptait bien demeurer dans sa bonne vieille ville de Poitiers, aux rues escarpées et tortueuses ; le président avait dans les environs, une maison de campagne située dans une contrée pittoresque, et c'est là que, dans son imagination, Jeanne plaçait son Eden et qu'elle espérait passer des jours heureux.

Et pouvait-elle choisir un autre endroit, puisque

c'était là qu'elle avait connu l'amitié, qu'elle avait, pour la première fois, senti battre son cœur ? N'était-ce pas là qu'elle devait connaître le doux plaisir d'aimer ?

M. Renaud, veuf de bonne heure, appartenait à cette magistrature de province, qui, éloignée des coteries, des ambitions, du monde politique, va son droit chemin, sans paraître se douter ou voulant ignorer que, pour arriver à la fortune, il est une autre voie que celle de la rigidité dans les principes.

Il avait été juge pendant vingt ans, et avait publié plusieurs ouvrages de droit qui dénotaient chez leur auteur une profonde connaissance de notre droit civil et criminel.

Au bout de ces vingt années d'exercice, M. Renaud, qui jouissait d'un traitement minime pour les importantes fonctions qu'il remplissait, car plus d'une fois, il eut entre les mains l'honneur et la vie de membres de grandes familles ; M. Renaud, à qui il était interdit par la multiplicité de ses occupations de prendre soin de sa fortune, recevait la croix de la Légion d'honneur.

Cette croix lui parut suffisante pour le rémunérer de vingt ans de travaux ; deux ans après il était nommé conseiller ; il remplit cette fonction pendant vingt années ; il était arrivé à l'âge de cinquante-huit ans, lorsqu'un procès célèbre le mit en lumière, et la chancellerie lui offrit un siége de président de cour.

Voilà, en peu de mots, quel était le père de Jeanne.

— Votre vie, mon cher président, a été toute d'abnégation, lui disait M. de Létang qui tenait à faire oublier l'absence de son fils, car avec votre savoir, vous auriez été simplement avocat que vous seriez arrivé à une meilleure position. Assurément vous avez acquis dans votre carrière une considération qui peut balancer les avantages de la fortune, mais avouons que la société est bien ingrate envers ceux qui la protégent pour leur faire une position aussi médiocre au point de vue du traitement ; un simple greffier gagne plus d'argent que vous et, à Paris, je connais des huissiers dont l'étude rapporte annuellement des sommes formidables.

— Je sais cela, comme vous, mon ami, et je suis persuadé que pas un magistrat sérieux ne voudrait échanger sa place contre ces charges lucratives dont vous parlez ; pour moi, la magistrature est un sacerdoce et je plains ceux de ses membres qui l'oublient. Cependant j'avoue que je ne comprends pas la hiérarchie qu'on a établie dans la magistrature, tous ces siéges de première et de deuxième classe ; ces cours où l'on établit des gradations, tout cela me paraît, je ne dirai pas funeste, mais d'un mauvais exemple. Le peuple est toujours porté à voir des actes de complaisance dans certains arrêts, et lorsque ce soupçon porte sur un magistrat, il passe à l'état de certitude quand on voit ce magistrat arriver à une position supérieure. Cette doctrine peut vous paraître étrange de ma part.

— C'est tout bonnement une révolution que vous voulez.

— C'est un vœu que j'émets et que l'avenir réalisera. Pour ce qui est des fortunes rapidement acquises, je vous dirai que je suis encore ébahi de ce que j'ai vu ce matin au coin de la rue de Provence.

— Ah ! c'est vrai ! exclama Jeanne ; papa avait dit : « Il faut que je parle de ce personnage à M. de Létang, peut-être pourra-t-il me donner des renseignements sur lui. »

— Qu'est-ce ?

— Oh ! c'est toute une histoire.

— Racontez-la.

— Volontiers. Mais je ne sais si une histoire judiciaire amusera beaucoup madame.

— Dite par vous.....

— Vous êtes indulgente. Maintenant que j'ai ai-
guillonné votre désir, je vais m'exécuter. C'était à
l'époque où j'étais conseiller. J'avais été chargé de
présider les assises de Vienne et, parmi les causes
célèbres de la session, se trouvait un accusé qui avait
tué un individu qu'il soupçonnait d'entretenir des
relations avec sa femme; mais l'accusation avait cru
y voir un meurtre; l'accusé avait obéi, en tuant cet
homme, à un sentiment de vengeance et non au
mouvement de colère que la loi excuse; la seconde
cause importante était celle du notaire. Cet homme
était poursuivi sous la terrible accusation de faux,
et c'est du notaire seul que je veux vous entretenir.

Quand je fus, la veille des assises, pour interroger cet homme, je le trouvai en proie au plus violent désespoir; il savait que, même acquitté, sa
position était à jamais perdue. Son père faisait le
commerce des sabots; ce commerce était assez lu-
cratif, il paraît, puisque le bonhomme avait pu
faire donner à son fils une éducation libérale, et,
plus tard, lui acheter une charge de notaire; mais
cet achat épuisa les ressources du père et bientôt il

arriva que le chiffre de ses dettes dépassait de beaucoup celui de son avoir. Dans cette situation, le fils eut le malheur, pour venir en aide à son père et lui éviter le dépôt de son bilan, de recourir à des manœuvres coupables; il eut la malheureuse pensée de garder par devers lui l'argent que lui remettaient ses clients pour l'enregistrement des actes qu'il dressait; il faisait signer avec la date en blanc, et lorsqu'il ne pouvait agir ainsi, il n'hésitait pas à surcharger la minute; et attendait, pour faire procéder à l'enregistrement, le dernier délai que la loi accorde; or, il arriva qu'à la suite d'une enquête judiciaire, la chose se découvrit; Galoubet, — c'était le nom de ce malheureux, — fut arrêté, il était marié depuis un an seulement, sa jeune femme fit tout ce qu'il était humainement possible de faire pour le tirer de prison; elle fit même le voyage de Paris pour obtenir le désistement du domaine; mais l'enregistrement ne voulut rien entendre; du reste, la plainte avait été formulée; elle avait eu un certain retentissement; le parquet avait été saisi de l'affaire et il n'était pas possible, quelles que fussent les circonstances atténuantes plaidant en faveur de l'accusé, d'interrompre le cours de la justice. Cela était impossible.

« Je n'ai fait de tort à personne, disait Galoubet ; dans aucun cas, je ne devais double droit à l'enregistrement ; tous mes actes sont enregistrés, seulement ils ne se rapportent pas à mon répertoire, voilà ma faute. On peut me forcer à me défaire de ma charge, mais non me poursuivre comme faussaire. »

L'ouverture des assises eut lieu ; ce fut le meurtrier qui passa le premier, il fut acquitté. Pour tout le monde, même pour son défenseur, cet homme était coupable, mais le jury en avait jugé autrement. Le jury est souverain et la cour dut s'incliner devant cette décision souveraine.

Cet acquittement produisit un pénible effet, même dans l'auditoire, pourtant presque toujours porté à l'indulgence ; à partir de cet acquittement, l'avocat, qui avait défendu le meurtrier, et qui devait défendre le notaire, craignit une condamnation pour son second client, alors que là il ne doutait nullement de le faire acquitter.

Ces prévisions ne devaient que trop se réaliser, et le jury qui avait été d'une faiblesse désespérante la veille, fut terrible le lendemain ; il se prononça affirmativement sur toutes les questions et la cour, malgré les sympathies qu'elle pouvait avoir pour la famille de l'accusé, prononça contre lui la peine de sept ans de travaux forcés.

Les suites de cette condamnation furent épouvantables; le père de Galoubet se suicida; sa mère ne tarda pas à le suivre dans le tombeau. Quant à la femme du condamné, elle disparut du pays.

— Cette histoire est des plus lamentables, dit M. de Létang.

— Galoubet ne fit que cinq années, continua le président, la clémence du roi s'étendit sur lui; il fut rendu à la liberté. Que devint-il depuis? je l'ignore, et le souvenir de cette malheureuse affaire était depuis longtemps sortie de mon esprit, lorsque, ce matin, au coin de la rue de Provence, je vis passer dans un riche landau attelé de deux chevaux, qui? Galoubet.

— Vous vous serez trompé, cher président.

— Non, c'est bien lui, quoiqu'il soit bien vieilli depuis cette époque, je l'ai parfaitement reconnu, il en a été de même de lui, car il m'a tiré son chapeau.

— C'est étrange! fit madame de Létang.

— Mais non, ma chère amie, dit M. de Létang, cet homme, après avoir achevé son temps, a très-bien pu se livrer au négoce et faire fortune sous un nom d'emprunt.

— C'est possible, dit le président, mais sa vue n'en a pas moins produit sur moi une pénible impression, et Jeanne elle-même qui ignorait parfaitement quel était le personnage qui nous saluait, s'est prise à trembler en le voyant passer.

— S'il fallait croire aux pressentiments..., dit madame de Létang.

— Oh ! dit Jeanne, cet homme m'a regardée d'une telle façon que j'ai eu peur ; il doit être méchant ; avant de l'avoir vu, moi, qui connaissais son histoire, je le plaignais ; aujourd'hui, je ne me sens plus aucune sympathie pour lui.

Le dîner était achevé ; et l'aiguille de la pendule, que M. de Létang avait ucosultée déjà plusieurs fois avec des signes d'impatience peu équivoques, marquait neuf heures ; on passa au salon, pour prendre le café, et madame de Létang pria Jeanne de se mettre au piano.

La jeune fille profita du moment où madame de Létang était occupée à lui arranger le pupitre du piano, pour se pencher vers elle, et lui dire à voix basse :

— Il ne viendra donc pas ?

— Si, chère enfant.

— Il se conduit bien mal pour le premier jour où je viens à Paris.

— C'est vrai, aussi nous le gronderons bien fort...

— Le voici! dit Jeanne en tirant madame de Létang par un pli de sa robe.

Elle ne se trompait pas : c'était bien M. Emile qui entrait.

— Bonsoir, papa! bonsoir, maman! Eh! c'est ce cher président, fit-il en se plaçant un lorgnon à l'œil droit, et comment va? enchanté de vous voir.....

— Comment! disait Jeanne, il ne me voit pas; pas un mot!...

— Emile, dit madame de Létang.

— Tout à l'heure, maman, dit M. Emile qui tenait à continuer ce qu'il avait si bien commencé; désolé de n'avoir pu venir plus tôt, mais c'était ce soir les débuts de Merluchette....

En entendant prononcer ce nom étrange, madame de Létang avait pris le bras de Jeanne, se doutant bien qu'après un si joli début, son fils ne pouvait commettre que des incartades.

— Je ne t'ai pas fait voir mes plantes grasses, dit-elle à Jeanne qu'elle entraîna hors du salon sans trop savoir ce qu'elle faisait, car la pauvre mère venait de s'apercevoir, en outre, que son fils était presque gris...

— C'est donc vrai, ce que m'a dit Justin? demanda M. de Létang.

— Je me suis dit, continua Emile, mon père m'excusera près de ce cher président. Toute la gentry était ce soir aux Délass'-Com'!..

— Aux Délass'-Com; répéta M. de Létang.

— Autrement dit aux Délassements-Comiques; les dames sont parties, on peut dire cela tout haut; le vicomte qui raffole de Merluchette a payé au directeur une somme insensée pour les débuts de sa maîtresse; la salle était admirablement composée; pas de bourgeois; quelques écrivains qu'on avait tolérés parce qu'ils avaient promis de mettre de l'encens dans leur encrier à la place du fiel qu'il contient d'habitude, il y avait là Fleur-des-Pois, Cascadeuse, Fille-de-l'Air, Castarinette, Peau-de-Satin; que sais-je? Enfin, tout ce que le mont Bréda possède de plus relevé, de plus huppé! C'était charmant, on se faisait présenter dans les loges; le plus drôle de tout cela, c'est que Merluchette a été atrocement mauvaise, et puis elle avait un rôle d'un déshabillé qui lui était peu avantageux. Aussi chacun disait : « Comment! c'est là ce que le vicomte a pour son argent, mais le mari le plus mal partagé a mieux que cela chez lui. » Néanmoins on a applaudi Merluchette à tout rompre. Continuera-t-elle ses débuts, ne les continuera-t-elle pas ? Voilà la question; dans la loge où j'étais, on a parié cinquante louis; l'amant de Cascarinette s'est mis une affaire sur les bras, parce que sa maîtresse a envoyé une couronne de foin à la débutante et qu'il a battu des mains. Résumé de la soirée: des paris, un duel, et la débutante ridicule..... C'était charmant! il y a longtemps que je ne m'étais autant amusé.

— Et c'est pour assister à une telle saturnale que vous avez commis l'inconvenance de ne pas vous rendre à mon invitation ? demanda M. de Létang.

— Mais, papa, tout Paris...

— Nous ne sommes pas tout Paris, mon cher, dit le président à M. de Létang avec une pointe d'ironie, peut-être que si vous aviez eu à votre table ces dames aux noms sonores et aux appellations bizarres, M. Emile eût pu assister à votre dîner ; mais vous aviez à lui offrir un président de cour de province et une petite fille, une petite niaise, et il a préféré la soirée de Merluchette. Nous ne pouvons l'en blâmer.

Ces paroles du président produisirent sur Emile l'effet d'une douche.

— Comment, dit-il avec stupéfaction, mademoiselle Jeanne était ici ?

— Votre mère, par respect pour les convenances, a dû l'emmener.

— Mais qu'y a-t-il ? Qu'ai-je fait ?

— Envoyez-le coucher mon ami ; car je crois fort que M. Emile, outre la soirée de Merluchette, a dû copieusement dîner....

— Mais dame! président.....

— Assez! dit rudement M. de Létang, retirez-vous, et faites en sorte de rompre avec cette vie scandaleuse que, par faiblesse, j'ai tolérée trop longtemps.

— Je vous attends demain avec votre père à dix heures, lui dit le président ; il est probable qu'à cette heure les Délass'-Com' ne seront pas ouverts ; du reste, je vous promets de vous rendre votre liberté vers quatre heures ; vous aurez donc le temps nécessaire pour assister au second début de mademoiselle Merluchette.

Emile se retira sans oser demander à être présenté à mademoiselle Jeanne.

— Est-ce que mon père me prend pour un enfant, dit-il, lorsqu'il fut seul, pour m'adresser une semonce en public? Que diable! je puis lui montrer que je suis un homme, et pour le lui prouver, je vais aller finir la nuit chez Rose Pompon... Je me suis assez mal conduit avec cette fille pour ne pas lui tenir rigueur, d'autant plus que le billet qu'elle m'a envoyé est une preuve qu'elle en tient pour moi.

Cette résolution aussitôt prise, M. Emile endossa son pardessus et sortit sur la pointe du pied.

Mais, avant de le suivre chez Rose Pompon, avec laquelle il tenait à se réconcilier, il nous faut retourner quelque peu en arrière.

IX

M. le président Renaud ne s'était pas trompé,
c'était bien Galoubet, autrement dit le baron Dixmier, qu'il avait rencontré en landau, au coin de la
rue de Provence.

Le baron avait été parfaitement reconnu dans
l'homme qui s'était rangé le long du trottoir pour
laisser passer son somptueux équipage, le magistrat,
qui, vingt-cinq ans avant, avait prononcé contre lui
la peine terrible qui le rayait de la société et ne faisait
plus de lui qu'une chose ; car la loi, à l'individu
qu'elle frappe d'une peine infamante, ne laisse plus
qu'un droit après l'expiration de sa peine, celui de
se marier.

La vue du président avait produit sur le baron un

singulier effet; par un sentiment dont un instant après il n'avait pu se rendre compte, il avait salué cet homme; mais, comme se repentant de cet hommage rendu par le crime à la vertu, son œil avait plongé dans le doux regard de Jeanne; en une seconde il avait vu qu'en frappant cette enfant, il tuerait le père, et son œil s'était alors chargé de haine.

Cette scène n'avait duré que quelques secondes, mais elle devait avoir des conséquences funestes.

Galoubet, ou plutôt le baron Dixmier, comme il se faisait appeler, rentra chez lui, et se laissa tomber dans son fauteuil.

La vue de cet homme qui avait présidé à sa condamnation, lui fit faire un retour sur le passé : depuis qu'il était sorti du bagne, il était venu grossir à Paris le nombre des aventuriers, et son existence était des plus précaires.

Tout à coup un violent coup de sonnette vint interrompre le monologue du baron.

— Quelque mendiant, dit-il, sonne ! mon garçon ; sonne !

Et le baron, après ces réflexions non charitables, s'assit dans son fauteuil et se versa un nouveau verre de madère.

Pendant qu'il dégustait avec une certaine satisfaction, les coups de sonnette se succédaient avec rapidité ; mais il est probable que l'importun ou le mendiant, las d'agiter la sonnette, prit le parti de se retirer, car l'on n'entendit plus rien.

— Ce n'est pas malheureux ! en voilà un qui jugera que la maison est déserte.

Le baron en était là de ses réflexions, lorsque son attention fut attirée par un léger bruit qui se fit dans sa serrure.

Ici, quelques mots d'explication sont nécessaires.

Le baron habitait, dans le plus grand secret, une petite maison isolée, située impasse des Vignes.

L'impasse des Vignes est une de ces ruelles du quartier des Écoles ; dans ces quartiers-là, on n'est plus dans Paris, on est à la campagne.

La police qui sait tout, ou du moins qui devrait tout savoir, ne connaît pas l'impasse des Vignes ; et comment à cette époque aurait-on pu soupçonner cette ruelle formée par de hauts murs, l'un servant au collége Rollin, l'autre au séminaire du Saint-Esprit, de recéler un homme dangereux ?

Le baron avait avisé cette petite maison isolée à un seul étage, entre cour et jardin, il s'y était installé en vertu d'un bail de douze années consécutives, c'était lui-même qui faisait son ménage ; tous les huit jours venait un frotteur, chargé de la grosse besogne.

Ce bruit insolite à neuf heures, l'avait un peu ému; mais, modérant aussitôt sa peur, il se leva doucement de son fauteuil, après avoir quitté ses pantoufles, et gagna sans bruit une autre pièce.

— Qui diable est là? ce ne peut être qu'un voleur. Je suis dans un traquenard : ou l'homme qui cherche à forcer ma porte aura ma peau ou j'aurai la sienne.

Et décrochant d'un râtelier une paire de pistolets à deux coups, il se tint en embuscade à l'entrée de la porte de communication.

Le baron avait accepté cette situation critique avec un sang-froid qui montrait que, sous son enveloppe maladive, il y avait encore un reste d'énergie. Rapinard, s'il l'eût vu, n'aurait point eu l'idée de plaisanter sur ses infirmités.

Le baron s'attendait donc à entendre un coup sec se produire dans la serrure, alors que le voleur aurait accroché le mouvement.

Il n'en fut rien, la porte s'ouvrit silencieusement.

En se développant, elle masqua l'individu.

« On peut entrer ; merci. »

Et le voleur, car c'en était bien un, ferma la porte derrière lui.

C'était un individu qui pouvait avoir quarante-cinq ans ; il avait la tête longue, les membres robustes ; ses cheveux étaient coupés assez ras ; son aspect était celui d'un honnête bourgeois ; du reste, cela a été dit il y a longtemps, il n'est tel qu'un coquin pour ressembler à un honnête homme.

A la vue de cet homme, le visage de Dixmier se contracta, et il y avait bien de quoi, en effet ; il venait de reconnaître dans le voleur son ancien ami de Rochefort, Robourjeaud, dit Fadard.

Hélas ! oui, le baron avait de petits péchés cachés et il avait été au bagne.

Cependant Robourjeaud, dit Fadard, avait tout d'abord avisé la bouteille de madère ; il marcha droit à la cheminée, et dédaignant de se verser dans le verre, laissé vide par le baron, il posa le goulot à sa bouche.

— Boire après quelqu'un, dit-il, merci, on ne sait pas ! C'est assez gentil ici, j'y ferais bien mon habitation habituelle, ce doit être quelque vieux grigou qui habite cette maison ; ça sent les écus de six francs, les doubles louis ; des pantoufles ?...

Il venait de voir les pantoufles laissées par le baron, avec cet instinct du sauvage qui est le propre de l'homme en lutte constante avec la société, il plongea une de ses mains dans l'une.

—Elles sont encore chaudes des arpions (1) qu'il y a eu dedans ; le gouse (2) ne doit pas être loin.

A ce moment le visage du misérable s'injecta de sang ; il eut un aspect terrible.

— Le quart-d'œil (3) est à deux pas, ou l'homme est à chercher les cierges (4), ou il est ici.

— Il est ici, Fadard, répondit le baron d'une voix tranquille en se démasquant.

En entendant prononcer son nom de guerre, le bandit avait tiré rapidement de son pantalon une canne à dard.

— Pas d'enfantillage, Fadard.

— Mais tu es donc de la rousse (5), tu es donc une raille (6) ?

— Non, regarde-moi bien.

— Tu serais un zig ! un frère ?

— Je suis donc bien changé ?

Le bandit examina attentivement le baron.

— Galoubet ?

— Enfin !

(1) Pied. (2) Le propriétaire. (3) Le commissaire.
(4) Agents de police. (5) Policier. (6) Espion.

Un assez vif désappointement se peignit sur le visage de Fadard quand il eut découvert un ami dans l'homme qu'il venait pour dévaliser.

— Et je suis chez toi, ici?

— Certainement.

— Quand les camerluches (1) vont savoir ça, ils ne vont rien rigoler ; et moi qui croyais avoir trouvé la pie au nid ; pas de chance! sapristi ! pas de chance !

La douleur de Fadard, s'apercevant qu'il ne pouvait dévaliser un ami, était des plus comiques.

— Tu dois être riche, dit-il au bout d'un instant, tu as toujours été un vieux cachottier ; au pré (2), tu t'arrangeais toujours pour avoir de la douille (3).

— Tu te trompes, je ne possède rien ; seulement je mijote une petite affaire.

— Vrai ?

— Une affaire de chantage.

— Mauvais, mon vieux ; mauvais, le chantage ! Ça a été préjudiciable à Augustine ; elle tire un an à Saint-Lazare pour ça.

— Augustine?...

— C'est ma femme.

(1) Amis. (2) Bagne. (3) Argent.

— Ta femme ?

— Eh oui, ma femme ; qu'est-ce que ça a d'étonnant que j'aie une femme, tu as bien une maison ?

— Elle n'est pas à moi, je la loue !...

— Tu cherches à te faire passer pour pauvre, tu es un vieux renard ; mais tu sais, faut pas essayer de jouer avec papa, ou je débine le truc...

— Des menaces ?

— Si on n'est pas gentil avec Fadard, tant pis ; moi, j'aime pas les faux frères ; quand on a été comme nous dans le régiment de deux à deux, attachés par la même prolonge, c'est pas comme ça qu'on se conduit ; moi, je suis pour la fraternité ; tu m'as dit que tu mijotais une affaire, ça me va, part à deux ; j'apporte dans l'association mon savoir-faire, mon expérience du monde et un coup de surin (1) aux petits oignons ! Ça te va, dis ? tope-là. Tu hésites ?

— J'hésite, parce que je suis un homme sérieux.

— Tu veux me rouler !

— Non.

— Jure !

— Foi de...

(1) Couteau.

— Dis foi de forçat ! Tu sais, il n'y a que cela qui compte chez nous.

En effet, dans les bagnes les plus exécrables serments n'ont aucune valeur, si le condamné ne jure pas sur sa foi de forçat.

Cette conversation à bâtons rompus n'allait guère au baron.

— Mon vieux Fadard, tu es toujours le même, dit-il, voilà quinze ans que nous ne nous sommes pas vus, tu venais ici dans des circonstances qui me permettaient de te loger une balle dans la tête, façon fort ingénieuse pour se débarrasser d'un importun, d'un curieux ; je fais le contraire, je me livre à toi, et voilà que tu fais ton meilleur bouledogue ; en somme, qu'ai-je à craindre de toi ?

— Tu as à craindre... tu as à craindre... tu es en rupture de ban...

— Pas du tout, j'ai le droit d'habiter Paris.

— A d'autres.

— Tandis que toi, tu es évadé du bagne.

— Parce que je suis un homme ; tandis que toi, tu as toujours été une poire molle ! C'est pas l'envie qui t'a manqué ; tu as une réputation usurpée, comme Collet et un tas d'autres, tu n'as que la langue. Voilà-t-il pas un beau titre de gloire : Monsieur a tiré ses sept ans !...

— Cinq, cinq...

— Ah ! oui, cinq; tu as été assez habile pour te faire gracier deux années; tu as eu la platitude de réclamer ta grâce !

— Est-ce ainsi, dit le baron qui cherchait toujours à ramener la conversation sur un ton plus calme, que deux amis, après quinze années d'absence, devraient se parler ?

— Tu as peur de moi ! s'écria Fadard ; vrai, tu as peur de moi !

Le baron leva les épaules.

— Tu me fais pitié, dit-il.

— Allons, ma vieille, ne te fâche pas ; j'ai voulu rire, voilà tout. Voyons, c'est pas ça ; cette pauvre Augustine est à Saint-Lazare et il n'y a pas moyen que je lui passe quelque chose, veux-tu t'en charger ? ce sera d'un ami, d'un camarade.

— Qu'est-ce qui l'a donc conduite là ?

— Le chantage.

— Oui, tu me l'as déjà dit ; mais tu ne m'as pas dit comment elle l'exerçait.

— D'une façon neuve.

— Je n'en doute pas.

— Elle faisait le chantage au confessionnal.

— J'avoue que je ne connais pas ce moyen.

— Est-ce que tu connais quelque chose ?... C'est bien simple : quand elle avisait un jeune prêtre en train de confesser, elle faisait sa meilleure pénitente et entrait dans la guérite ; puis, tout à coup, elle s'interrompait dans l'enfilade de ses prétendus péchés, pour lui dire que s'il ne lui donnait pas vingt ou trente francs, elle allait sortir du confessionnal et crier dans l'église qu'il lui avait fait des propositions malhonnêtes ; le moyen était excellent, il marcha bien pendant trois mois.

Le baron eut un accès de gaieté, en entendant le récit employé par Augustine pour se procurer de l'argent.

— C'est moi qui avais trouvé ce truc-là, dit Fadard avec une certaine fierté ; mais un bon matin, elle s'adressa à un jeune homme qui n'avait pas vingt francs.

— Je vais aller vous les chercher, dit-il.

— Et Augustine eut la sottise d'attendre son retour ? demanda le baron.

— Comme tu dis.

— C'est une oie.

— Là ! tu penses absolument comme moi, ma

vieille. J'ai eu des détails sur tout cela au jugement. Le jeune prêtre entre dans la sacristie et demande vingt francs à emprunter à un vieux curé ; j'ai vu sa tête, tu sais l'aumônier du bagne, celui qui a séparé Ouelle et Viniey quand ils s'arrangeaient en amis à coups de couteau ; un fort de la Halle avec une soutane, quoi !

« — Qu'est-ce que vous voulez faire de ces vingt francs ? demanda-t-il au jeune homme.

« — J'en ai besoin, répond l'autre.

« — Pourquoi ?

« — Prêtez-les-moi toujours.

« — Je veux savoir ce que vous voulez faire de vingt francs ? Sans cela je ne vous prête rien.

« Le jeune homme raconte l'histoire.

« — Restez ici, je vais vous remplacer.

« Le vieux roublard va droit au confessionnal où ma bête d'Augustine attendait toujours.

« — C'est vous qui demandez vingt francs, sinon vous allez faire du scandale ?...

« Elle aurait dû voir le piége qu'on tendait à sa bêtise et à son innocence.

« Cette imbécile répond oui !

« Ah ! mon bonhomme, le curé l'enlève par un bras, et pourtant c'est une femme d'attaque, la conduit jusqu'à la porte sans lui laisser toucher les pieds à terre ; de là, il la remet entre les mains d'un *cipal* (1), qu'un clampin de suisse était allé chercher !

— Eh bien ! ton Augustine n'est pas forte.

— C'est ce que je lui ai fait dire ; aussi, quand elle sortira, je lui réserve un *tabac* (2) que ce sera ça ! Mais assez causé sur cet article. A quoi puis-je t'être utile ?

— Je n'en sais trop rien, il y a un homme, un ingrat qui me doit sa position et qui se fait tirer l'oreille pour me donner deux cent mille francs.

— Comme c'est petit ! mais va voir Brise-Molle, qui, depuis qu'il a fini son temps, s'est fait homme d'affaires dans le faubourg Montmartre ; ce diable d'homme est tellement habile que je le crois capable de tirer un sac de farine d'un sac de charbon. Tu sais qu'il est docteur,... je ne sais quoi.

— Licencié, c'est bien assez. J'irai le voir. Il y en a un autre, continue le baron, qui a fabriqué pour trois cent mille francs de traites fausses...

— Ça, c'est un ami... Pour toi, c'est même un

(1) Municipal.
(2) Des coups.

compère, puisque c'est pour avoir mis un nom autre que le tien au bas d'un fafiau (1) marqué que
tu l'as été... Hein, le jeu de mots est joli.

Et Fadard, qui s'amusait, partit d'un éclat de
rire.

— Ton jeu de mots porte à faux ! dit Dixmier
assez vexé qu'on lui rappelât un triste souvenir de
sa vie.

— Pas mal ! pas mal ! répondit Fadard riant
toujours.

— Tu ne sais donc pas, brute, que la cour, par
considération pour ma famille...

— Comme ils sont polis, les curieux (2) !

— Laisse-moi donc achever, m'a fait grâce de la
marque et de l'exposition.

— Chançard ! t'as toujours eu de la veine ; ainsi
au bagne, c'est avec mezigo qu'on t'a collé, ce qui
n'était pas un mince honneur ; si tu n'avais pas été
mis avec moi, on t'aurait fait passer le goût du
pain ; on te prenait pour un mouton (3), mais j'étais
là ; il y avait du bon temps tout de même dans cette

(1) Papier.
(2) Juges.
(3) Dénonciateur.

vie ; il est vrai que l'ordinaire de la maison laissait à désirer. Te rappelles-tu de Collet ? il n'avait pas du bagou comme toi.

— Tu ne peux donc pas te déshabituer de parler argot ? mais, en agissant ainsi, c'est la meilleure façon de te faire suivre des agents.

— C'est vrai, mais que veux-tu ?

Fadard, qu'un meurtre accompli dans des circonstances horribles avait envoyé au bagne pour la vie, avait des instincts brutaux et sanguinaires ; mais il n'en était pas moins un homme dont les avis, en certaines circonstances, avaient une assez grande valeur.

Dixmier, en le voyant, eut l'idée de suite de l'employer, mais il craignait sa violence.

C'était un homme qu'il n'était pas facile de contenir ; et puis il avait toujours la menace à la bouche ; mais il n'avait pas d'autre sujet sous la main. le baron était presque décidé à s'en servir.

Brise-Molle, l'homme d'affaires, lui paraissait trop fort pour lui.

— As-tu quelque chose à boire ici ? demanda brusquement Fadard.

— J'ai un peu de bourgogne.

— Va pour le bourgogne, dit Fadard en se passant la main sur le front.

— Voilà un gaillard, pensa Dixmier, en sortant
pour aller chercher du vin, qui a quelque chose à
me dire, ou des propositions à me faire, mais qui
a peur de se compromettre.

Dixmier versa un grand verre de vin à son ancien
camarade de chaîne.

— Tu ne bois pas, toi?

— Tu sais bien que j'ai un mauvais estomac.

— Femmelette, va! fit Fadard avec mépris, tu es
gros et gras comme un moine; tu as un nez fleuri,
on dirait une pomme d'api, et tu te dis malade; ton
vin n'est pas mauvais.

— Je n'en ai que cent bouteilles malheureusement.

— Malheureusement, c'est le mot, répondit Fadard qui parut se recueillir un instant.

— Je ne sais, dit-il, si c'est le *meg* des *megs*
ou le *boulanger* (1) qui est cause que nous nous
rencontrons aujourd'hui, mais dans tous les cas, il
faut que nous sachions tirer parti de cette réunion..
Si tu veux jouer franc jeu avec moi, je suis ton

(1) Dieu ou le diable.

homme, et pour te prouver qu'il n'y a pas d'arrière-pensée chez moi, je vais te livrer un secret, qui peut te mettre à même de rentrer dans tes fonds, et de faire chanter d'une façon remarquable tes débiteurs.

— Si tu veux m'être agréable, dit le baron, ne parle pas argot.

— C'est bien, mademoiselle; il y a six mois, j'étais employé chez un architecte; tu sais que pour la calligraphie et le dessin, à moi le pompon; Brard et Saint-Omer sont des enfants à côté de moi; ils n'ont jamais su tenir une plume; ils ne peuvent pas le faire, c'est pas vrai! à Fadard le pompon! Les passeports que j'ai fabriqués, quand nous étions à Rochefort, sont là pour prouver que je n'avance rien qui ne soit vrai, n'est-ce pas, ma vieille?

Quand Fadard était sur le chapitre de sa calligraphie, il était impossible de l'arrêter; Dixmier, qui connaissait le faible de son ami, le laissa aller.

— Cet homme était content de moi; j'avais un but en entrant chez lui, c'était d'étudier la maison et d'y revenir tenter un coup. Tout mon petit plan était dressé, lorsque ce farceur-là se mit à mourir subitement; j'étais justement occupé à lever un

8.

double plan d'une certaine maison de l'impasse des Vignes, quand cet accident lui arriva.

Dixmier dressa l'oreille, car il était évident pour lui que Fadard ne pouvait parler que de sa maison.

— J'avais vu mon patron serrer avec précaution un livret qui devait appartenir au plan. J'étudiai le plan et je vis qu'il y avait double étage de cave... Savais-tu ça, toi ?

— Oui, dit effrontément Dixmier.

— Tu mens !

— Continue, et tâche d'être plus poli.

— Et toi, plus sincère.

— Allons ! pour te faire plaisir, je l'ignore.

— Dis que c'est pour rendre hommage à la vérité, et brisons là-dessus.

Dixmier se tut, il était tout oreilles.

— Mais ce n'est pas tout, et c'est là qu'augmentait ma surprise ; sous ce second étage de caves, sur le sol, le plan indiquait une pierre qui, en se descellant ou en l'enlevant simplement avec un levier, donnait accès dans les catacombes.

— Que me dis-tu là ?

— Nous vérifierons cela tout à l'heure. Or, en soulevant cette pierre, s'il faut en croire le plan, on arriverait aux catacombes où une série de croix noi-

res, marquées par des assises de moellons parfaitement indiquées sur le plan, conduiraient à un puits
qui donne rue Saint-Jacques. La route tracée a la
forme d'une diagonale; elle passe sous le jardin des
Jésuites, la rue Saint-Jacques et, enfin, arrive au
susdit puits qui doit donner près du jardin des
Carmélites ; là, toujours d'après le plan, il doit y
avoir des pierres amassées en grande quantité pour
cacher aux ouvriers qui pourraient, par curiosité ou
par le besoin des travaux, s'avancer dans cette partie des catacombes, l'entrée de ce puits.

— C'est très-curieux ce que tu me racontes là.

— Ce n'est pas seulement curieux, c'est encore
intéressant ; car il y a derrière tout cela un trésor.

— Un trésor ! Oh ! oh ! ces temps-là sont passés !

— Moins passés que tu peux le croire, ma
vieille. Il doit y avoir ici, dans cette maison, deux
millions !

— C'est un joli chiffre ! fit Dixmier d'un ton
incrédule.

— Alors tu doutes ?

— As-tu les plans sur toi ? demanda le baron
d'un ton distrait.

— Non, dit Fadard, après un moment d'hésitation.

— Ils sont chez ton architecte ?

— Puisque je t'ai dit que l'architecte est mort ; voici l'histoire, mais ne m'interromps pas à chaque instant. Lorsque je me fus aperçu que les gens de la justice et les héritiers allaient me remplacer dans la besogne que je voulais faire en dévalisant la maison, je n'hésitai pas à entrer dans le cabinet de mon ex-patron et là, avec une simple plume d'oie, comme chez toi, il n'y a qu'un instant, j'ouvris la serrure de son cartonnier et je m'emparai sans scru-pule du petit carnet.

— Alors, demanda Dixmier, tu l'as, ce carnet?

— Il est en sûreté.

— Il se défie de moi, se dit le baron, le carnet est sur lui, dans la poche de côté de son paletot ; j'en vois l'épaisseur, et le trésor? demanda-t-il haut.

— Le trésor est ici ; il est composé en partie de doubles louis et d'écus de six livres, il est renfermé dans dix caisses ; il y a un secret pour ouvrir les caisses.

— Et tu connais le secret?

— Je connais le secret, dit froidement Fadard qui devenait circonspect à mesure qu'il avançait dans les révélations.

— Du reste, on peut s'en passer, dit le baron ;

une hache ou un merlin valent bien souvent mieux qu'une clef.

— C'est là où est l'erreur. Chaque caisse recèle outre l'argent, une machine infernale, d'un effet tellement sûr que l'imprudent qui voudrait l'ouvrir sans prendre les précautions indiquées dans le petit livret non-seulement sauterait, mais ferait encore sauter la maison.....

— Mais c'est un fou, un maniaque, celui qui a fait cela.

— Non, c'est le neveu de l'ancien secrétaire du conseil du pacte de famine... Surinom.

— Surinom, répéta le baron.

— Tu connais ce nom?

— Un peu. Ce nom doit être précédé du titre de comte.

— L'annexe n'en parle pas, répondit Fadard.

— Mais, dit Dixmier, il est passé bien des gens ici depuis cette époque.......

— Ne cherche pas, dit Fadard d'un ton presque solennel, à faire passer dans mon esprit l'idée que le trésor pourrait être enlevé; je croirai le contraire quand je me serai assuré en sondant le mur qui le recèle qu'il sonne creux.

— Nous verrons ça demain....

— Demain! dit Fadard; tu me prends donc pour un sinve (1)? tu me crois assez idiot pour te livrer mon secret et ensuite remettre à demain la visite.... Non! non! la visite aura lieu aujourd'hui même.

— Je te dis ça, fit le baron effrayé du ton de Fadard....

— Tu me dis ça pour te débarrasser de moi, je te connais!....

— Allons donc, protesta Dixmier.

— C'est bon! marche droit, ou je me charge de ta conduite; je veux bien te donner une part dans le magot; mais il faut être gentil. Sache donc que voilà trois mois que je fais des efforts pour pénétrer jusqu'ici, j'ai d'abord essayé par les catacombes.

— Par les catacombes!

— Et oui, par les catacombes, c'est pas toi qui aurais fait cela; tu as trop peur de ta peau.

— Dam! tu comprends, la nuit....

— Ah! oui, dit avec dérision Fadard; tu as peur de t'enrhumer, eh bien, moi, un soir à minuit, alors que les peureux prétendent que les fantômes vont se promener la canne à la main dans les cime-

(1) Imbécile.

tières, et causer de leurs petites affaires avec les voisins, j'ai franchi le mur du cimetière Montparnasse, j'ai tué un chien qui voulait me disputer le passage ; j'ai forcé la grille qui descend dans les catacombes.....

— Tu as fait cela ?

— Oui ; tu as bien risqué le bagne pour un billet de mille francs ; pour deux millions je pouvais bien risquer ma peau. Ce n'était pas très-aisé pour moi de m'orienter dans les catacombes, attendu que mon plan s'arrêtait au Val-de-Grâce et que je prenais par la partie opposée. J'avais une pelote de ficelle, des bougies, une petite boussole et des provisions pour me permettre de rester trois ou quatre jours sous terre ; il y a de bons bourgeois qui se figurent que le dessous des catacombes est la reproduction des rues de Paris ; qu'il y a des rues tirées au cordeau et que les noms y sont inscrits avec les numéros des maisons ; la partie qui s'étend de la barrière d'Enfer à l'hospice de Larochefoucauld, ainsi que celle qui va à la barrière Saint-Jacques, a pu donner cette fausse idée ; mais, dans la partie que j'allais visiter, il n'y avait que mon instinct qui pouvait me guider. Une fois arrivé au bas de l'échelle de fer, j'allumai une bougie et attachai solidement un bout de ma pelote de ficelle à un pilier ; je savais que, pour arriver à l'impasse des Vignes, j'avais une diagonale à tirer ; la veille, j'avais calculé le nombre de pas qu'il me fallait faire pour arriver au Val-de-Grâce ; au douze cent cinquantième pas, je devais me trouver dans les environs du puits ; là les marques noires devaient être assez apparentes et me guider jusqu'à l'impasse des Vignes.

Dixmier ne perdait pas un mot de ce que lui disait Fadard.

— Tu sais que j'ai de l'aplomb ; quand j'ai dévalisé l'église Notre-Dame dans cette petite ville, j'avais mis le feu sous quatre troncs pendant que je m'occupais de piller le tabernacle, même que dans mon procès l'avocat bêcheur (1) disait : « Ainsi, cet homme n'hésite pas à prendre pour son complice l'élément destructeur ; le feu est pour lui un auxiliaire précieux. » Il est devenu procureur général depuis. A qui doit-il ça ? A nous, ma vieille, à nous et pas à d'autres.

— C'est vrai ! dit Dixmier, mais reprends ton récit.

(1) Avocat du roi.

— Un verre encore ! de causer tant, ça altère...
Dixmier se rendit au désir du narrateur.

— Je plaçai ma boussole à terre, reprit Fadard,
et, avec ma corde, je tirai une ligne aussi longue
que je pus ; si j'avais été dans une plaine, cela aurait été tout seul, mais là, dans ces carrières, j'étais
à chaque instant arrêté par des piliers, des éboule-
ments ; je te fais grâce de toutes mes déceptions ;
enfin, à trois heures du matin, c'est-à-dire après
deux heures et demie environ de tâtonnements, j'étais
arrivé au Val-de-Grâce ; il y avait là un puits avec
une ouverture ; sur le mur du puits qui plongeait
dans les catacombes, je lus rue Saint-Jacques, j'a-
vais donc une sortie d'assurée sur ce côté, car je
m'étais fait de suite ce raisonnement : le puits dans
une cour, laquelle doit s'ouvrir sur la rue... tu vois
ça d'ici ?

— Comme si j'y étais, répondit Dixmier.

— Cette fois je changeai de manœuvre, j'attachai ma ficelle au puits et je repris ma route vers
le cimetière Montparnasse ; j'avais un but que tu
dois comprendre, celui que, dans le cas où l'on se
serait aperçu de ma tentative, on ne pût me retrou-
ver ; je ne mis qu'une heure à refaire cette route,
à cinq heures du matin j'étais de retour auprès du

puits de la rue Saint-Jacques. A cette heure le soleil devait être levé sur Paris, je me couchai à terre
et m'endormis me promettant de recommencer le
soir même.

— Mais qui t'empêchait de continuer?

— Ma sûreté; des ouvriers pouvaient venir de ce
côté et ma lumière donnait l'éveil. C'était un véritable hasard, il est vrai; mais néanmoins, je ne
devais pas, par un excès d'ardeur, perdre le fruit de
mes travaux.

Cela était dit par Fadard avec un grand sérieux.

— Tu as agi comme un sage.

Fadard ne releva pas ce propos flatteur, mais il
rougit légèrement; il était heureux de voir un
homme aussi distingué que son ancien compagnon
de chaîne, lui rendre justice.

— Le temps que je passai dans l'immobilité me
parut horriblement long; enfin, la nuit arriva; je
tournai le massif de pierres qui supporte l'église
du Val-de-Grâce, à droite faisant face à la Seine, en
obliquant un peu, devaient se trouver les fameuses
marques noires, et à cinq cents pas la maison de
l'impasse des Vignes; je ne cherchai pas longtemps;
sur un pilier il y avait une croix.

—Vrai?...

— Tu viendras la voir. Je fus obligé de m'asseoir ; depuis que je suis au monde, c'était la deuxième émotion aussi violente que je ressentais, la première avait été celle que j'éprouvai quand on m'avait ferré la manille.

Ce souvenir du passé fit faire une légère grimace à Dixmier.

— Le puits était là, je fis le tour des moellons qui le cachaient et j'arrivai à trouver le ressort...

— Comment, le ressort ? dans des moellons ?

— Certainement. Cela est fait d'une façon ingénieuse. Cette masse de pierre, dans un certain endroit, cache une porte qu'il est impossible de découvrir ; un système de contre-poids permet de l'ouvrir facilement, un enfant y parviendrait quoiqu'elle soit chargée d'environ quatre mille kilogrammes de pierres.

— Etrange ! étrange !...

— Le puits était là, puits sans eau ; l'ancienne corde à nœuds qui servait aux ascensions des membres du pacte de famine, y était, mais je ne crus pas devoir m'y confier ; j'en avais vu assez pour me donner l'idée de voir le reste.

— Je comprends cette fièvre, dit le baron ; mais tu dois avoir chaud ?...

Fadard lui jeta un regard de côté. Cette marque d'intérêt lui paraissait louche.

— Quand j'aurai soif, je demanderai à boire, répondit-il brutalement.

— As-tu peur que je veuille t'enivrer ?

— Non, mais j'ai peur que tu veuilles t'emparer des deux millions sans ma participation.

— Ah ! Fadard, Fadard ! fit le baron avec un accent vivement peiné.

— Pas de manières, tu es une canaille ; tu m'as emprunté dix francs au bagne, tu me les dois encore.

— C'est bien ancien.

— C'est vrai ! mais tu me les dois toujours.

— Veux-tu que je te laisse seul ici ?

— Non ! non ! tu es avec moi, tu y resteras.

— Puisque tu n'as pas le plan, nous ne pourrons pas faire les recherches aujourd'hui.

— C'est mon affaire, dit brusquement Fadard.

— J'étais sûr qu'il avait le plan, pensa Dixmier; il doit être dans une couverture de carton, il se dessine sous son paletot. Reprends ton récit si intéressant, dit le baron à haute voix, et surtout épargne-moi ces soupçons humiliants qui me blessent plus que tu ne peux l'imaginer.

— Je continue. J'avais vu les croix noires sur les piliers; dès lors ce ne fut plus qu'un jeu pour moi d'arriver sous ta maison, seulement là devait s'arrêter ma tâche; je finis, à force de persistance, à découvrir la fameuse pierre qui communiquait avec ton deuxième étage de cave, mais il me fut impossible de l'ébranler. J'avais vu ce que je voulais voir; le plan que j'avais entre les mains était un plan sérieux, il disait vrai pour les fondations, il ne devait donc pas mentir pour le reste; il ne s'agissait donc que de pénétrer dans la maison. Je repris le chemin du Val-de-Grâce et sortis par le puits de la rue Saint-Jacques; si une femme était venue en ce moment tirer un seau d'eau, je te laisse à penser quels beaux cris elle aurait poussés en voyant un homme sortir. Le lendemain, je vins rôder dans le voisinage; justement la maison de l'impasse des Vignes était à louer pour six cents francs par an. Mais on demandait six mois d'avance; il fallait donc trouver trois cents francs, ce fut alors que j'inventai le chantage au confessionnal.

— Il t'a peu réussi.

— C'est ce qui te trompe, j'avais l'argent; seulement, lorsque je me présentai chez le notaire, j'appris que la maison était louée. Je te laisse à penser l'accès de colère auquel je fus en proie ; je pris des renseignements dans le quartier, et en faisant jaboter un peu les garçons du collége et ton frotteur...

— C'est bon à savoir que mon auvergnat de frotteur parle, maugréa le baron, je vais le congédier au premier jour.

— Qu'est-ce que tu as à grommeler ?

— Rien, rien.

— Tu as dit quelque chose pourtant ?

— J'ai dit que mon frotteur était un bavard !

— Tu crois peut-être qu'il m'a appris où tu cachais tes gros sous.

— Mais, Fadard, j'ai déjà eu l'honneur de te dire qu'à part les cinq cent mille francs...

— C'est bon, c'est bon, répondit celui-ci d'un ton bourru ; avec ça que si je soupçonnais que tu aies de l'argent ici, je ne saurais pas le moyen de te faire cracher au bassinet !

— Quelles expressions !

— Ah ! il est vrai que quand on se fait appeler le baron Dixmier...

— Mais j'ai le droit de porter ce nom et ce titre !

— Je sais que tu as tous les droits possibles.

— Mes ancêtres...

— Mais qui est-ce qui n'a pas d'ancêtres ? Il y a

quinze ans, tu n'étais qu'un trembleur ; aujourd'hui tu es un hypocrite et un aristocrate, tu as fait des progrès. Quand tu claqueras (1), je me charge de dessiner l'armoirie qu'on placera sur ton corbillard : dans ton tortil de baron, je ferai passer ton bonnet de forçat ; la vareuse rouge remplacera la simarre ; je ferai dessiner une galère avec deux triques d'argousin en sautoir. Te redresseras-tu entre tes quatre planches de sapin ?

Il y avait une chose que le baron craignait par-dessus tout, c'était l'idée de la mort, il ne pouvait s'y habituer ; aussi, chaque fois qu'on abordait ce chapitre, on était sûr de lui être profondément désagréable.

— Voilà que tu fais ton nez parce que j'ai parlé de la camarde (2).

— Tu sais combien cela me déplaît, et pourtant tu agis comme si tu l'ignorais.

— Allons, on n'en parlera plus ; faites la risette à papa....

— J'ai écouté, dit le baron, qui paraissait vouloir oublier les paroles désagréables de Fadard, avec la

(1) Mourras.
(2) Mort.

plus grande attention tout ce que tu m'as dit touchant ta promenade dans les catacombes, j'avoue
que, pour accomplir cette petite promenade, il t'a
fallu un fier courage... Rien que d'y penser j'en ai
le frisson, brrr !

— Il est de fait, répondit Fadard en se passant
la main sur les moustaches, avec une certaine suffi-
sance, qu'il faut être un lapin à poil pour faire
cela.

— Mais il est une chose que tu as laissée de côté,
c'est le trésor...

— Tu as remarqué ça, dit d'un air narquois
Fadard.

— Oui, cela m'a même frappé...

— Voyez-vous ça !

— Et j'étais en train de me dire à part moi :
est-ce que cette promenade dans les catacombes....

— Assez, assez, dit Fadard brusquement.

Le baron fit un soubresaut sur son fauteuil.

— Je vais jouer avec toi cartes sur table ! si tu es
un renard, je suis un loup, entends-tu ?

— Oui, oui, Fadard ! je sais que tu as des crocs,
répondit le baron en tremblant.

— Et des griffes, continua Fadard qui paraissait
heureux de voir trembler le baron.

— Et des griffes, répéta docilement celui-ci.

— Pour lors, ce matin je me suis levé avec l'idée de rentrer ce soir chez moi avec les deux millions.... ou une partie. Voici le raisonnement que je m'étais fait : le vieux grigou qui habite là-dedans ne reçoit personne, autre que son frotteur, qui est venu hier ; j'ai donc huit jours devant moi sans que personne s'inquiète de lui....

— Oh ! oh ! fit le baron, je reçois assez de monde.....

— C'est pas vrai, n'essaye pas de battre comtois (1), tu ne reçois personne, je peux te refroidir (2) sans qu'on s'en inquiète... Allons, dis franchement que tu as peur de moi...

— Un peu, mais enfin, un ancien ami.

— C'est par ce titre-là que tu te sauvegardes !

— Qu'est-ce donc? fit le baron d'un air inquiet.

— C'est que j'ai besoin de toi, pour me représenter dans le monde....

— En effet, tu pourrais y faire assez bonne figure.

— Tu me verras en habit noir... Je continue :

(1) Mentir.
(2) Tuer.

je vais aller sonner à sa porte ; si l'on ne répond
pas, c'est qu'il est sorti et, comme grâce à quelques
petits outils qui me sont familiers, je puis me passer
de lui, j'entre, et si c'est un vieux sournois qui se
cache, je le refroidis (1) et le place dans la deuxième cave. Voilà le raisonnement que je m'étais fait...
Tu sais ce qui est arrivé.

— Oui, et c'est fort heureux que je t'aie reconnu,
sans cela tu étais mort.

— Est-ce que tu sais tenir un pistolet?

Le baron se leva sans mot dire et passa dans la
seconde pièce, celle où il était embusqué quand Fadard était entré ; au bout d'un instant, il parut à
l'entrée de la porte avec un pistolet dans chaque
main.

Fadard le regardait curieusement.

— Tu vois ce petit médaillon près de la fenêtre?

— Oui, dit Fadard.

— Au centre ! et le baron visa.

Les morceaux de plâtre sautèrent de tous côtés.
Fadard en ramassa, le trou de la balle était au centre, ainsi que l'avait dit le baron.

— Tu as un joli talent de société.

(1) Tue.

— Maintenant, crois-tu que je sais tenir un pistolet ?

— Mieux que je ne pouvais le supposer ; mets-tu tes bottes afin que nous descendions dans la cave ?

— Je suis à toi dans l'instant.

Et le baron quitta sa robe de chambre pour prendre un paletot ; chaussa ses bottes, puis fouilla dans un des tiroirs d'un secrétaire et en tira un petit poignard qui pouvait avoir tout au plus une vingtaine de centimètres de longueur, emmanché dans une gaîne en cuivre, un véritable joujou d'enfant, qu'il mit précipitamment dans la poche droite de son pantalon.

— Viens-tu ? lui cria Fadard.

— Je suis à toi, cher ami, répondit doucereusement le baron.

— Dépêchons, dépêchons, car après la visite j'ai envie de déjeuner et je commence à avoir faim.

Le baron sortit le visage souriant ; il alluma deux bougies et les deux hommes descendirent dans la cave.

— C'est bien cela, dit Fadard en examinant les lieux, dans l'angle droit le plan indique une porte. Diable ! il y a quelque chose dans ce coin.

— C'est mon vin.

— Il faut enlever ces bouteilles vivement.

— Prends des précautions, car jusqu'à preuve du contraire, je préfère mes cinq cents bouteilles à ton prétendu trésor.

— Tu vois bien que tu es un vieux cachotier ; tu me disais là-haut : je n'ai que cent bouteilles !

Dixmier trembla un peu ; il possédait dix mille francs et il avait bien peur que si Fadard ne trouvait pas le trésor laissé soi-disant par le neveu du banquier du pacte de famine, il ne lui demandât à partager avec lui.

Les bouteilles furent enlevées avec précaution et placées dans une autre partie de la cave.

Ce travail demanda près de trois quarts d'heure ; ceci fait, Fadard approcha la lumière dans l'angle de la cave qu'il venait de débarrasser.

— Je ne tiens pas à ce que tu me regardes, dit-il.

— Tu as donc peur que je ne te vende ?

— Tourne la tête ! s'écria-t-il d'un ton impératif.

Le baron obéit tout en grommelant.

— Ça y est ! Victoire ! cria Fadard, tu peux regarder. J'ai voulu m'amuser… Vois-tu, pour ouvrir, c'est simple comme bonjour, c'est une armature en fer qui soutient les pierres, cette porte a à peu près deux mètres d'épaisseur, et elle tourne sur pivot; une branche de fer introduite dans un trou suffit pour faire pression sur un ressort ; seulement il faut répéter cinq fois la manœuvre ; si on la répète plus, c'est à recommencer, le levier qu'on lève à chaque coup retombe au sixième.

Devant eux était le trou béant et une échelle.

— Diable ! fit le baron avec un mouvement de retraite et comme aurait pu le faire un chat à l'aspect d'une écuelle pleine d'eau.

— Tu as peur?

— Depuis le temps les bâtons de cette échelle peuvent être pourris.

— Elle est en fer.

— C'est différent.

— Mais néanmoins passe devant.

— Peureux !

Et Fadard mit le pied sur l'échelle et descendit rapidement.

Le baron se hasarda à descendre à son tour.

— Il y a soixante-quinze échelons !. lui cria Fadard.

— Ah ! mon Dieu ! je ne pourrai jamais arriver en bas.

Il y arriva néanmoins.

— J'ai les mains glacées, dit-il, et il se mit à examiner l'endroit où ils se trouvaient.

C'était une vaste salle qui devait s'étendre sous le jardin et la maison ; c'était une sorte de grotte qui avait dû être travaillée, elle pouvait avoir dans les vingt mètres de hauteur ; au milieu se trouvait une dalle, une barre de fer passée dans deux anneaux la maintenait. Le sol était inégal, les murs étaient pleins d'aspérités ; sur les côtés se trouvaient des pics rouillés, des leviers, de la chaux, du plâtre.

— Il est probable, fit observer Fadard, que M. de Surinom avait l'idée de faire de cette retraite un endroit convenable ; ces outils en témoignent.

— Eh ! eh ! fit le baron, voici du nouveau et qui ne se trouve pas sur ton plan !

— Quoi donc ? demanda Fadard qui examinait les murs de la grotte et tournait le dos au baron.

— C'est un squelette !

— Un squelette ? fit Fadard en se retournant vivement.

— Oui, il y a bien longtemps qu'il doit être là.

Fadard s'approcha pour voir ce curieux spectacle.

— Nous avons peut-être sous les yeux, dit-il, les

os du comte du Surinom ; il sera entré ici et n'aura
su rouvrir la porte de communication.

— J'ai lu quelque part un récit de ce genre, répondit le baron avec un sourire d'incrédulité ; seulement l'individu dont les ossements sont là à nos
pieds est mort de mort violente.

— A quoi vois-tu ça ?

— A la tête.

Fadard prit le crâne qu'il considéra un instant.

— C'est vrai ! dit-il, la boîte osseuse a été défon-
cée ; c'est peut-être même la barre de fer qui est là
qui a servi à perpétrer ce meurtre. Que veux-tu,
finit-il par dire en laissant retomber la tête, nous
sommes tous mortels, un peu plus tôt, un peu plus
tard.

Cette réflexion philosophique fut peu goûtée par
le baron, mais Fadard s'inquiétait peu de ce que
pouvait penser le baron.

— Maintenant si tu veux, dit Fadard, nous allons
faire un tour dans les catacombes.

Et sans attendre la réponse du baron, il fit glisser
la barre de fer hors des anneaux et avec un levier
il souleva la dalle ; Fadard se pendit par les mains
et se laissa tomber dans les catacombes.

— Viens-tu ? dit-il au baron.

— Non, non, fit celui-ci en se retirant prudem‑
ment du trou, j'en ai vu assez ; je suis convaincu.
Au trésor maintenant !

— Viens donc !

— Non, non.

— Tu as peur?

— J'ai peur de l'humidité.

Voyant que le baron ne voulait pas le suivre,
Fadard se décida à remonter et remit la pierre en
place.

— Comme tu es fort ! disait le baron avec une
admiration trop enthousiaste pour ne pas être feinte.

— Ce n'est pas trois hommes comme toi qui me
feraient peur.

— Je le sais bien, répondit le baron qui depuis
un instant fouillait dans la poche droite de son pan‑
talon.

Tout à coup, profitant du moment où Fadard
était presque couché à terre pour assujettir la
barre, il tira de sa poche le petit poignard dont il
s'était armé et lui en porta un coup terrible entre
les deux épaules.

— Ah ! traître ! fit celui-ci qui s'étendit tout à
fait à terre.

Le baron avait sauté de quelques pas en arrière,

après avoir porté le coup, et avait prudemment gagné l'échelle.

Mais Fadard était bien mort ; ce n'était pas
tant le coup porté par le baron qui avait déterminé
la mort, mais bien la violence du poison dont était
imprégné son poignard. Ce poison terrible n'était
autre que du curare qu'il s'était procuré par l'inter-
médiaire d'un capitaine au long cours. Ce poison ra-
pide, dont la composition est inconnue aux Euro-
péens, a une singulière propriété : mis en contact avec
le tissu sous-cutané, ou injecté dans les vaisseaux
sanguins, il tue presque instantanément et sans souf-
france apparente, et ce poison si violent peut néanmoins être avalé sans danger.

— Il est bien mort ! dit le baron qui se tenait
sur l'échelle de fer, sa bougie à la main, le capitaine ne s'était pas trompé ; les effets de ce poison
sont terribles.

Ce fut toute l'oraison funèbre qu'il prononça sur
le corps de Fadard.

C'était un homme méthodique que le baron, il
ne faisait rien à la légère.

Ainsi qu'eût pu agir un chat avec une souris, il
s'assura que Fadard était bien mort ; pour cela, il
n'hésita pas à sacrifier plusieurs bouteilles de son

vin qu'il jeta sur le cadavre du haut de son échelle.

— Il est bien mort, finit-il par dire.

Ceci fait, il descendit et se mit à chercher dans les poches du défunt ; il n'y avait que de menus objets, deux cents francs dans sa bourse, ceci importait peu au baron. Ce qui lui fut agréable, ce fut la découverte qu'il fit du bienheureux portefeuille dans lequel se trouvait le plan de sa maison et le livret explicatif.

— Ce diable de Fadard manquait de finesse, dit-il, il était trop brutal ; voyons ! il s'agit d'empêcher la putréfaction, point assez délicat. Pour cela je vais faire, pour ce cher ami, un petit lit de chaux dans lequel il mijotera doucettement et, d'ici huit ou dix jours, j'aurai un petit squelette parfaitement réussi. Ce diable de Surinom a bien fait en laissant à ma disposition un aussi joli tas de chaux.

Ce fut un travail assez long pour le baron que de faire autour de ce corps un lit de chaux qu'il maintint avec du plâtre ; ceci fait, il arrosa le tout avec soin et bientôt une fumée blanche s'éleva, ainsi qu'un bruit de crépitation, autour du corps de l'infortuné Fadard.

Le baron satisfait de son moyen si bien réussi, sortit de la cave, non sans avoir à l'avance essayé le mouvement de la porte secrète. Après s'être assuré qu'il pouvait parfaitement l'ouvrir, il la ferma avec soin et remonta dans son petit salon.

— Comme le temps passe vite ! dit-il, en s'asseyant et en consultant sa pendule, il est déjà onze heures.

Ceci dit, il ouvrit le précieux carnet : le plan de sa maison copié en double fut le premier objet qui tomba sous sa main ; il n'y jeta qu'un coup d'œil :

— Ce diable de Fadard avait tout de même une belle main ; voilà qui est parfaitement copié. La place du trésor n'est pas indiquée sur le plan. Diable ! peut-être est-ce dans le carnet explicatif que je vais trouver la place qu'il occupe ici. C'est drôle, j'ai peine à croire à la présence d'un trésor dans cette maison.

Après avoir fait ces réflexions, le baron s'enfonça dans son fauteuil et commença la lecture du précieux manuscrit.

X

« Au nom du père, du fils et du Saint-Esprit... »

— Tiens, fit le baron en s'interrompant dans sa lecture, ça commence comme le testament de feu Louis XVI ; continuons :

« Moi... comte de Surinom, traqué de toutes parts et m'attendant un jour ou l'autre à devenir la proie des scélérats qui gouvernent la France... »

— Comme c'est flatteur pour les membres de la Convention, reprit le baron ; voyons, trêve d'observations ! sans cela je n'achèverai jamais cette lecture.

« Je me décide à faire mon testament, sans espoir toutefois de pouvoir le remettre aux membres de ma famille, je confie donc ce papier à l'honneur de celui qui le trouvera; à quelque parti que cet homme appartienne, je lui fais un devoir de tenir ce testament aux membres de la famille Surinom; étant veuf et n'ayant eu aucun enfant légitime ou naturel, je désire que ma fortune soit partagée entre les membres de ma famille et qu'un dixième soit acquis à l'homme qui aura découvert le présent testament.

Mais il faut remonter un peu haut pour expliquer à mes héritiers comment une somme aussi considérable que celle que je leur tiens en réserve a pu venir entre mes mains.

L'origine de la fortune de mon oncle par alliance, M. P.... remonte à 1730, sous le ministère de M. Arry. Ce fut à cette époque que, sous le prétexte de hausser la valeur des terres, un arrêt du conseil permit l'exportation des grains.

Je me suis peu mêlé à tout cela, mais j'ai entendu dire à mon oncle P... que cet arrêt du conseil n'avait eu qu'un but, celui de doubler le produit des vingtièmes.

Ce fut alors que se fonda, avec les fonds fournis par le roi, des ministres et de riches financiers, l'association qui, dans le peuple, devait prendre plus tard le nom de pacte de famine.

Mon oncle entra dans l'association en qualité de secrétaire en 1767, lorsque M. de Leverdy vendit la France pour douze ans à une compagnie de monopoleurs qui étaient MM. Ray de Chaumont, grand maître des eaux et forêts de France ; Rousseau, receveur des domaines et bois du comte de Blois ; Perrucheur, ancien entrepreneur d'hôpitaux d'armée, et Malisset, ancien boulanger qui avait fait précédemment banqueroute comme meunier ; ces quatre individus n'étaient que des hommes de paille ; derrière eux étaient des ministres, des intendants de finances, de province ; des présidents et conseillers de cours souveraines et une foule de courtisans et de financiers.

Ce fut vers la fin de l'année 1788 que je fus présenté à M. P... banquier. Cet homme avait une âme honnête et tranquille, ce furent ses nombreuses liaisons qui l'entraînèrent dans cet abominable commerce des grains ; il était d'une extrême probité, aussi l'argent affluait-il chez lui ; ce qui augmentait la confiance à son égard, c'était la certitude que chacun avait d'être remboursé quand il le désirerait.

Je ne tardai pas à jouir de son intimité ; du reste

ma présentation avait eu un but, celui d'amener mon mariage avec sa charmante nièce.

M. P... était veuf et avait conservé auprès de lui la fille de son frère cadet. Mademoiselle Lucie, c'était le nom de sa nièce, était orpheline ; la fortune de mon père, quelque peu ébréchée par son séjour à la cour, avait engagé mon tuteur à négocier ce mariage.

Lucie avait une âme aimante, nos cœurs se comprirent et notre union fut résolue ; jusqu'alors j'ignorais quelles étaient les opérations de banque auxquelles se livrait M. P... Ce ne fut que le soir même du jour qui avait vu célébrer mon union avec la charmante Lucie, que je l'appris.

En entrant dans la chambre nuptiale, je trouvai sur la tablette de la cheminée une lettre qui m'était adressée avec la mention : *Pour M. le comte de Surinom, importante et personnelle.*

Lucie, pas plus que les domestiques que j'interrogeai le lendemain, ne purent me donner des renseignements sur la façon dont cette lettre était parvenue dans cette chambre à coucher.

Voici comment était conçue notre lettre :

« Monsieur le Comte,

« Pardonnez-moi si, au milieu des nombreux
« vœux que l'on forme pour votre bonheur, je viens
« troubler votre joie et y faire entendre une note
« discordante.

« En épousant la nièce de M. P..., la belle Lucie,
« vous avez fait une œuvre de maître, car la fortune
« de M. P... est considérable, plus considérable
« que vous ne sauriez l'imaginer.

« Mais aussi, si vous avez un noble cœur, com-
« bien sera grande votre douleur, quand vous aurez
« acquis la preuve que cette fortune n'est que le
« produit du vol et de la rapine et de la plus
« odieuse spoliation.

« Que chaque écu dont elle se compose a été ar-
« raché au pauvre peuple, car M. P... n'est autre
« que le banquier de la nombreuse et mystérieuse
« association connue dans le public sous le nom
« de pacte de famine.

« En la compagnie de Berthier, intendant de
« Paris, et Lenoir, lieutenant de police, il affame
« la France entière depuis nombre d'années.

« En ce moment, M. P... travaille sur les grains

« avec cinquante ou soixante millions et ses bénéfi-
« ces sur la revente s'élèvent de soixante-dix à cent
« pour cent. Voilà ce qu'est M. P... La prudence
« et la conservation m'obligent à en demeurer là ;
« et, sans vous en dire plus long, sachez que votre
« mariage vous a fait un ennemi implacable ».

J'hésitais à montrer cette lettre à M. P.... Cependant, un jour que nous étions seuls et qu'il se
plaisait dans le récit de ses brillantes opérations,
je résolus de faire cesser mes doutes.

— Savez-vous, bel oncle, lui dis-je, ce qu'on dit
de vous dans le public ?

— Cela m'importe peu, me répondit-il, mais
dites toujours.

— On dit que votre fortune a une singulière origine.

Je le vis pâlir ; la lettre disait-elle vrai, ou sa pâleur n'était-elle produite que par une émotion pas-
sagère ?

— On a dit cela dans le public ? reprit-il.

— On me l'a même écrit, lui dis-je timidement.

— Pour vous détourner de vous unir à Lucie ?

— Je n'ai reçu la lettre que le soir de mon mariage ; vous voyez que si l'auteur anonyme avait

ce but en écrivant cette lettre, il l'a complétement manqué.

— En effet, me répondit-il avec beaucoup de froideur. Avez-vous cette lettre sur vous ?

— Oui, Monsieur.

— Donnez-la-moi, je vous prie.

Je tendis la lettre à M. P... J'étais un peu honteux du rôle que je jouais, mais depuis plusieurs mois l'incertitude me tuait.

— Cette lettre dit vrai, mon neveu, dit-il après l'avoir lue.

Il lui était si facile de dire le contraire ; mais au contact des hommes de proie qui composaient la majorité des membres du pacte de famine, M. P... n'avait rien perdu de son honorabilité primitive ; il avait le mensonge en horreur. Ainsi, par une de ces inconséquences communes à la nature humaine, il tâchait de rassurer sa conscience effrayée en faisant d'abondantes aumônes.

— Je sais d'où part le coup, dit-il ; car le misérable auteur de cette lettre n'a même pas cherché à déguiser son écriture.

— Vous connaissez l'auteur de cette lettre ?

— C'est mon premier commis, Charlevry.

— Il faut chasser ce misérable.

— Gardez-vous bien de rien laisser voir ; une imprudence de ma part m'a mis à la discrétion de cet homme ; il était amoureux de Lucie, son caractère dissimulé m'a effrayé, et comme à une certaine époque je ne lui ai rien laissé espérer, il se venge aujourd'hui. Pourvu, mon Dieu ! que son œuvre n'aille pas plus loin ; il a déjà tenté de m'enlever mon fils adoptif.

Je ne laissai pas achever M. P...

— Vous pouvez toujours compter sur mon concours, lui dis-je ; que l'époque des revers vienne, et vous me verrez à vos côtés.

A partir de ce moment, j'apportai une plus grande attention, non-seulement aux opérations de M. P..., mais encore au mouvement des esprits qui s'accentuait de plus en plus.

On venait d'entrer dans l'année 1789, année qui devait secouer si rudement le vieil arbre féodal ; je crois, Dieu me pardonne ! qu'à ce moment tout le monde était atteint de vertige, la noblesse, les Parlements, jusqu'à la couronne : tout le monde demandait la réforme qui devait tout à coup les emporter.

L'incendie de la maison Reveillon, au faubourg Saint-Antoine, fit peur à la bourgeoisie, et le parti de la cour, en soldant les brigands pour faire cette exécution, savait bien que cela lui servirait à merveille. Chacun prit peur et craignit pour ses intérêts ; la maison de la rue d'Enfer, où demeurait M. P..., était assaillie chaque jour par un nombre considérable de personnes qui venaient demander le remboursement de leurs fonds.

Les premiers jours, les remboursements se firent facilement ; mais bientôt, M. P... comprit qu'il ne pourrait y suffire : il se décida alors à convoquer les principaux actionnaires du pacte de famine. La réunion eut lieu à onze heures du soir. J'assistais, caché dans une petite pièce, à cette réunion. La lecture de la situation fut faite par ce misérable Charlevry.

— Vous connaissez la position qui m'est faite, dit mon oncle ; les débuts de cette révolution à laquelle j'étais loin de m'attendre, tellement j'avais confiance dans la royauté, interceptent la rentrée des fonds ; il est de toute nécessité que les membres de la société viennent à mon aide pour les remboursements à opérer, sinon je me verrai forcé de faire banqueroute. Les résultats du dépôt de mon bilan seraient non-seulement désastreux, mais terribles pour la plupart d'entre vous, car l'acte d'accusation deviendrait public, nos opérations seraient mises à jour et je ne crois rien exagérer en disant que, pour beaucoup d'entre vous, cette divulgation pourrait devenir un arrêt de mort.

Ici mon oncle fut interrompu par un actionnaire qui lui fit observer qu'il se pressait trop de donner gain de cause à la révolution.

— Tout espoir d'enrayer ce mouvement n'est pas perdu, dit-il ; ainsi Necker s'est cru très-fort en mandant à son hôtel les plus riches fermiers et cultivateurs de la Beauce et de la Brie, afin de se concerter avec eux sur l'approvisionnement de Paris...

— Il a osé faire cela, interrompirent quelques voix indignées.

— Veuillez vous modérer, Monsieur, dit une voix que je reconnus pour être celle de Charlevry.

— Oui, Monsieur, reprit la voix de l'homme qui le premier avait pris la parole, il a osé faire cela ; mais il avait compté sans nous qui veillons. Les fermiers avaient promis d'approvisionner Paris, et Necker était tranquille ; mais l'un de nous fut assez habile pour fabriquer des lettres ministérielles signées Necker, que chaque fermier trouva à son adresse en arrivant chez lui et qui leur défendaient de porter des grains au marché.

— Bravo! dirent les conjurés.

— Oui, messieurs, bravo! dit mon oncle, mais ce faux ne peut tarder à être découvert.

— Il y aurait donc des traîtres parmi nous? dit une voix.

A partir de ce moment, ce ne fut plus une discussion, ce fut une sorte de tumulte. Enfin l'assemblée se sépara sans rien conclure. Il était facile de voir que tous ces gens tenaient peu à sauver M. P... d'une banqueroute.

Je sortis de ma cachette; mon oncle était seul, il était assis près d'une table, la tête appuyée, de grosses larmes roulaient sur ses joues.

— Tu étais là? me dit-il.

— Oui, lui répondis-je.

— Alors tu dois savoir à quels hommes j'ai affaire, des hommes qui ne reculent pas devant la falsification de lettres ministérielles!

Je n'avais pas vu mon oncle depuis le matin.

— Savez-vous, lui dis-je, que depuis ce matin Paris est en feu? Foulon et Berthier, son gendre, ont été assassinés par le peuple.

— Assassinés! répéta-t-il avec accablement; les deux principaux associés du pacte de famine. Non! dit-il après un instant de réflexion, ce n'est pas le peuple qui les a mis à mort ; ce sont des assassins gagés par ceux qui avaient tout à craindre de leurs révélations ; ils ont été assassinés par l'ordre des mêmes hommes qui peut-être me feront assassiner demain pour éviter mes révélations dans le cas où je serais assez lâche pour en faire.

— Croyez-vous que fuir ne serait pas prudent de votre part ?

— J'y ai songé depuis longtemps, me dit-il ; les assassins peuvent se présenter à cette porte, qu'à l'instant je puis leur échapper.

Un air de doute passa sur mon visage.

— Prends ce flambeau et suis-moi, me dit-il.

Il me fit passer dans le cabinet d'où je sortais et fit jouer un ressort caché dans un panneau ; un trou béant s'ouvrit devant nous. Une corde à nœuds était placée à l'orifice ; mon oncle m'invita à l'imiter et nous descendîmes dans cette sorte de puits après avoir fermé la porte.

— Ce n'est pas là tout, me dit-il ; en supposant que ceux qui me poursuivent auraient découvert l'entrée de cette sorte de puits, il faut encore qu'ils puissent trouver le moyen d'en sortir.

Il fit jouer un autre ressort : une porte en ma-

çonnerie, et dont le pic d'un carrier eût eu difficile-
ment raison, s'ouvrit.

— Sais-tu où nous sommes? me demanda-t-il.

— Non, lui répondis-je.

— Nous sommes sous Paris, nous sommes dans
les catacombes.

— Et pour sortir d'ici ? lui demandai-je épou-
vanté de me voir dans les entrailles de la terre.

— La route est toute tracée; lève ton flambeau !
Il y a trois routes qui s'ouvrent devant nous : l'une
marquée à droite par des étoiles rouges; elle conduit à un puits situé rue Saint-Jacques ; la seconde
marquée par la lettre O sur les piliers de soutène-
ment conduit rue de la Tombe-Issoire ; et enfin la
troisième, indiquée par des croix noires, conduit à
une maison de l'impasse des Vignes qui a été ache-
tée au nom de ma nièce.

J'étais émerveillé de cet excès de précaution et en
même temps heureux de voir que, dans un moment
de danger, nous pouvions être à l'abri d'une tentative de pillage.

— Nous allons aller à la maison de la rue des
Vignes, me dit-il, après avoir joui quelque temps
de la stupéfaction où m'avait plongé cette découverte.

Au bout de dix minutes de marche parmi les pierres, les moellons, il me fit arrêter et, soulevant facilement avec ses mains une pierre de la voûte, il s'enleva par les mains et entra suivi de moi dans une sorte de grotte naturelle d'une assez grande étendue.

— Cette grotte, me dit-il, est le premier étage de la cave de la maison ; au-dessus, se trouve une autre cave à laquelle on a accès par cette échelle de fer que tu vois là.

J'étais émerveillé de tout ce que je voyais ; mais une idée venait de me venir à l'esprit.

— Vous avez songé à votre vie et à celle de vos proches, mais votre fortune ?

— Si l'heure n'était pas si avancée, je te montrerais que j'ai songé à tout ; il y a dans cette maison deux millions.

Dixmier, arrivé à ce passage, s'interrompit dans sa lecture.

— C'est écrit ! Mais les deux millions sont-ils encore ici ? C'est ce que la suite nous apprendra.

— Le secret de la cachette où se trouve cette somme est ici, continua de lire le baron, et il me montra un coin de la grotte où nous nous trouvions.

Je t'autorise à le dire à ta femme, mais vous seuls devez le savoir.

— Dieu veuille, lui dis-je, que je l'ignore toujours.

J'étais de bonne foi en parlant ainsi ; la générosité avec laquelle M. P... s'était conduit vis-à-vis de moi depuis mon mariage avec sa nièce, lui avait gagné mon affection.

Nous reprîmes le chemin de la rue d'Enfer par les catacombes. M. P... fit disparaître avec soin les traces de notre passage et nous rentrâmes dans son cabinet qu'il avait verrouillé en partant.

On y frappait rudement en ce moment.

— Qui peut se permettre de faire un tel bruit à une heure aussi avancée de la nuit? dit M. P...

Il ne fut pas longtemps à être dans l'incertitude ; c'était Charlevry : il parut assez embarrassé quand il me vit près de mon oncle.

— Pourquoi frappez-vous si fort, Monsieur, et qu'est-il donc arrivé de si important pour que vous ayez jugé à propos de venir me déranger au milieu de la nuit?

— Il y a plus de cinq minutes que je frappe et je craignais qu'il ne vous fût arrivé quelque accident.

— Ce n'était pas une raison pour frapper

d'une façon aussi inconvenante ; enfin, que voulez-vous ?

— La faveur d'un entretien particulier.

— A cette heure ? fit M. P... surpris.

— Oui, Monsieur. Il est urgent que vous me l'accordiez.

— Parlez alors, dit M. P... qui tenait son commis debout devant lui, sans l'inviter à prendre un siége.

—- J'ai eu l'honneur de vous dire que c'était un entretien particulier que je désirais avoir avec vous.

— M. le comte de Surinom est mon neveu ; vous pouvez parler devant lui.

Charlevry parut un peu décontenancé de la réponse de mon oncle ; probablement il aurait préféré être seul : cependant il parut se remettre bientôt.

— Monsieur, dit-il, mon langage va peut-être vous paraître étrange ; mais, par ces temps de révolution, l'avenir appartient aux audacieux ; depuis quinze ans que je suis ici, j'ai pu étudier toutes vos opérations, et je dois vous dire que plus d'une fois j'ai maudit la misère qui me forçait de concourir à une œuvre aussi impie et aussi antinationale que celle à laquelle je contribuais bien malgré moi ;

mon cœur se révoltait à l'idée des souffrances du pauvre peuple...

— Croyez-vous, monsieur Charlevry, dit mon oncle avec beaucoup de tranquillité, que cet exorde soit bien utile?

Charlevry rougit un peu de cette observation de mon oncle.

— Je tenais à vous le faire, Monsieur, pour vous dire ensuite que je n'en avais pas moins conservé pour vous la plus profonde estime.

— Je vous assure, Monsieur, que cela m'est parfaitement égal ; si je vous ai gardé jusqu'à ce jour, c'est que je ne pouvais faire différemment.

— Ah ! dit Charlevry, en jetant à mon oncle un regard chargé de haine, savez-vous que je puis vous perdre?

— Des menaces !

— Eh bien ! oui, des menaces ! Je jette le masque.

— Enfin !

— Je vous vends mon silence un million. Vous voyez que je ne mets pas votre vie à un trop haut prix ; la cour est perdue, le tiers-état domine la situation, le peuple tient le haut du pavé. Je puis, en sortant d'ici, me rendre à l'hôtel de ville, où siégent les électeurs, et leur dénoncer la réunion qui a eu lieu ici il y a quelques instants.

— Vous seriez un misérable en faisant cela.

— C'est possible, mais, en attendant, vous seriez un homme perdu et ma délation passerait pour du civisme.

— Vous me faites pitié. Je brave vos menaces.

— Vous n'avez pas peur ? Vous ne savez donc pas que Foulon a été pendu avec du foin et de l'herbe dans la bouche ; que Berthier a eu la tête tranchée il y a cinq heures à peine, qu'on lui a ouvert le corps et qu'en ce moment des hommes de boue et de sang promènent son cœur au bout d'une pique ? Je puis aller chercher ces hommes et les guider ici.

— C'était pourtant ce drôle, dit mon oncle en se tournant vers moi, qui prétendait à l'honneur de devenir mon neveu, presque mon fils.

M. P... en parlant ainsi était admirable de sang-froid.

Mais, en ce moment, une rumeur se fit entendre à l'extrémité de la rue, — il pouvait être une heure du matin ; — puis nous entendîmes des pas précipités dans le jardin ; ce devait être un homme

qu'on poursuivait et qui venait chercher asile dans
l'hôtel.

— Qui peut venir à cette heure.? demanda mon
oncle.

Il ne fut pas longtemps sans le savoir : c'était un
des principaux actionnaires qui avait assisté à la
réunion, il y avait une heure. Il était dans un état
à faire pitié ; il avait perdu sa perruque, ses babits
étaient en lambeaux.

— Que vous est-il arrivé? lui demandâmes-nous.

— Les entendez-vous? nous dit-il sans nous répondre, ils viennent; éteignez cette lumière qu'on
voit du dehors, elle pourrait donner aux émeutiers
l'idée de venir jusqu'ici.

Et, sans attendre l'avis de mon oncle, il souffla
la bougie.

Cependant la rumeur devenait de plus en plus
distincte. C'était une foule en haillons, éclairée par
la lueur rouge de quelques torches ; elle suivait
deux individus : l'un était habillé en dragon et
l'autre en artisan.

Ces deux hommes se donnaient le bras et portaient au bout d'une perche quelque hideux trophée,
probablement, car la lueur des flambeaux n'éclairait

pas assez haut pour que nous pussions distinguer ce qu'ils portaient.

— C'est le cœur de Berthier, dit Charlevry. Qu'on dise un mot à cette foule et, dans un instant, les vôtres, messieurs, iront les rejoindre.

— Misérable ! m'écriai-je indigné , et, dans l'obscurité, je m'élançai vers lui.

Mais Charlevry ne m'avait pas attendu.

— Je vends mon silence un million ! dit-il, et il s'élança dans l'escalier.

— Laisse-le fuir ! me dit mon oncle ; je crains peu qu'il mette ses menaces à exécution.

Nous passâmes dans une autre pièce où l'on apporta des lumières ; le personnage déguenillé paraissait ne rien comprendre à ce qui se passait chez nous ; cependant l'exclamation de Charlevry, en fuyant, l'avait frappé.

— Que voulait dire cet homme ? finit-il par demander à mon oncle.

— C'est un misérable, répondit mon oncle.

— Un misérable, soit ! mais qui peut vous perdre.

Mon oncle ne répondit pas. Je vis bien que la vue de cette multitude avait abattu son courage.

L'actionnaire nous raconta que sa voiture s'était

croisée avec la foule qui venait de passer sous nos fenêtres ; que, par malheur, son cocher ne s'était pas arrêté assez tôt ; qu'alors des individus avaient sauté à la tête des chevaux, que ses valets avaient été foulés aux pieds, et que lui-même avait eu à subir de mauvais traitements.

Ce monsieur ne voulut pas passer la nuit chez mon oncle, quelque instance qu'on fît pour le retenir ; il accepta des effets d'habillement, mais voulut absolument se retirer.

Je ne sais, mais, en présence de cette insistance, j'eus des doutes et je résolus de les éclaircir ; et, à peine avait-il franchi la porte de la rue que j'étais presque sur ses talons. Je le vis tourner la rue des Deux-Eglises. Je fis bien de ralentir ma marche ; il venait de s'arrêter sous l'enfoncement d'une porte cochère.

Charlevry était là qui l'attendait.

— Je croyais que vous ne viendriez pas, dit-il à l'actionnaire d'un ton bourru.

— Je n'avais pas bien compris votre attouchement.

— Nous n'avons pas un instant à perdre, dit le commis, il faut agir vigoureusement ; vous avez été témoin, ce soir, des hésitations de M. P... Pour moi, cet homme a perdu la tête.

— Je suis un peu de votre avis.

— Il vous a dit, ce soir, une phrase qui aurait dû vous faire réfléchir tous et à laquelle vous avez porté peu d'attention ; du reste, vous étiez trop emporté par l'ardeur de la discussion pour y prendre garde.

— De quelle phrase voulez-vous parler ?

— C'est quand il a dit que si vous ne veniez pas à son aide, il se verrait contraint de déposer son bilan.

— Et qu'est-ce que cela peut nous faire ! Qu'il dépose, le cher homme, qu'il dépose !

— Mais vous n'avez donc pas compris quel parti les amis de la révolution sauront tirer de l'examen des papiers de M. P... ; le détail de vos opérations, de celles de vos amis, ne sera plus un mystère, et le Châtelet est capable de vous condamner tous pour crime de lèse-nation.

Il y eut un instant de silence entre ces deux hommes ; mon cœur battait avec violence, car d'un instant à l'autre, ils pouvaient me découvrir.

— Oui, vous avez raison, Charlevry, cet homme

nous perdra, finit par dire l'actionnaire en parlant de mon oncle.

— Je suis de votre avis, dit le commis. Comme son arrestation sera pour lui son arrêt de mort et que, dès lors, il n'aura plus aucun ménagement à garder, il vous dénoncera tous pour tâcher de se rendre intéressant.

— Mais s'il venait à mourir... subitement ?

Ce dernier mot avait été dit par l'actionnaire après une suspension de quelques instants.

— Oui, répéta le commis, la mort et l'anéantissement de ses papiers pourraient mettre fin à toute crainte.

Ces deux hommes durent s'entreregarder ; l'idée d'un crime venait à leur esprit.

— Marchons un peu, dit Charlevry ; voilà déjà trop longtemps que nous sommes ici.

Je les entendis partir, à mon grand regret je ne pus les suivre ; je retournai à l'hôtel ; mon oncle était occupé à faire brûler des papiers.

Je lui racontai la conversation que je venais d'entendre.

— Je suis résigné à tout, me dit-il ; aussi je m'arrange de façon à détruire tout ce qui pourrait compromettre des tiers. Je possède ici cinquante-trois millions de valeurs, que je vais emporter à ma maison du Vésinet, demain ; afin d'ôter tout soupçon relativement à ce petit voyage, je convoque un certain nombre d'amis à dîner et le soir même je partirai pour Saint-Germain où je mettrai toutes ces valeurs en sûreté.

Nous étions au 23 juillet, cette date ne me sortira jamais de la mémoire ; j'étais agité par de funèbres pressentiments.

Cependant Paris était tranquille ; j'allai jusqu'au Palais-Royal. C'était là que se réunissaient les nouvellistes ; on s'entretenait dans les groupes de la mort de Berthier et de Foulon. Mais cela ne causait aucune émotion, et on en causait comme d'un fait très-ordinaire. Je n'avais rien à apprendre là. J'entrai dans un café à peu près désert ; j'avisai dans un angle deux individus qui causaient avec animation ; le son de la voix de l'un d'eux ne m'était pas inconnu ; il me semblait que je l'avais entendu la veille de la réunion qui s'était tenue rue d'Enfer ; ce devait être l'homme qui avait parlé des fausses lettres ministérielles.

Je m'approchai sans affectation de ces deux individus, et tout en paraissant plongé dans la lecture des papiers publics, je ne perdis pas un mot de leur conversation.

— Oui, disait l'individu dont il m'avait semblé reconnaître la voix, Charlevry a assuré que cet homme nous perdrait; il est venu dans la nuit me raconter la conversation qu'il avait eue avec lui à ce sujet...

Ici sa voix baissa, et je ne pus saisir la suite.

— Cela me paraît énorme, dit à son tour son interlocuteur, et qui nous répondra de son silence ?

— Son crime.

— Et de la discrétion à l'égard des voleurs ?

— Toujours son crime.

— La main ne lui tremblera pas ?

— Il est ambitieux et professe à l'égard de son maître une haine des plus violentes ; voilà ce qui doit vous rassurer.

Nul doute, Charlevry avait dû s'engager à tuer M. P., mais comment ? Où ? Je bénissais le ciel qui me mettait sur la trace de ce complot, mais en même temps j'en arrivai à déplorer l'incertitude dans laquelle me jetait cette conversation sans suite.

Pour moi, il fallait, non pas que M. P. se rendît à sa maison de campagne du Vésinet, mais

11.

bien qu'il se dirigeât vers quelque port d'embarquement ; il avait autour de lui trois individus qui avaient intérêt à sa mort, et la simple prudence l'engageait à mettre la mer entre eux et lui.

J'allais me retirer enchanté de ce que je venais d'entendre, lorsque la porte du café s'ouvrit, et Charlevry entra ; son coup d'œil, qui avait embrassé la salle, me découvrit dans mon coin.

Il me salua avec une certaine affectation.

— C'est lui! avait dit l'un des deux hommes en le voyant entrer.

J'avais bien devant moi le misérable qui avait promis d'attenter aux jours de M. P... Il ne m'était plus permis d'avoir des doutes à cet égard, et cependant, je ne pouvais m'arrêter à cette idée.

Je le vis aller serrer la main des deux individus et leur causer un instant à voix basse ; il me sembla que son visage changeait de couleur et que, tout en parlant, ses regards se dirigeaient vers moi ; j'étais au supplice, je n'osais lever les yeux ; si je n'avais écouté que mon indignation et ma colère, j'eusse sauté à la gorge de ce misérable Charlevry et l'aurais étranglé sur l'heure.

Je payai ma dépense et sortis du café, certain que je ne pourrais rien apprendre de plus que ce que je savais ; j'étais depuis quelques minutes à peine dans le jardin du Palais-Royal, lorsque deux individus se mirent à crier que je venais de cracher sur la cocarde nationale qu'ils portaient à leur chapeau.

Un rassemblement tumultueux se forma autour de moi, et le cri sinistre : A la lanterne ! retentit à mes oreilles.

Je voulus parler, mais les énergumènes qui m'entouraient ne cessaient de crier :

— A la lanterne ! C'est un gueux ! Il a craché sur la cocarde nationale ! A mort !

Mes deux accusateurs avaient disparu. J'étais poussé, ballotté ; des hommes au visage cynique riaient de me voir dans cet état. J'étais perdu.

Déjà une corde avait été lancée vers moi, lorsque, heureusement, survint une patrouille de gardes nationaux ; ces citoyens courageux finirént par m'enlever à ces furieux ; alors les cris de mort se changèrent en ceux de :

— A l'abbaye ! A l'abbaye !

Ce ne fut pas sans grandes difficultés que les gardes nationaux parvinrent à m'y conduire.

Arrivé là, je voulus m'expliquer, mais on ne me le permit pas.

— Vous êtes bien heureux d'être ici, me dit un des geôliers, et M. Berthier aurait bien voulu hier soir y arriver comme vous.

Assurément, je devais ce qui m'était arrivé à l'influence de Charlevry ou des hommes avec lesquels il se trouvait.

Je restai cinq jours à l'Abbaye, cinq siècles.

A ma sortie, je me dirigeai rue d'Enfer. Là, m'attendaient les plus tristes nouvelles ; les papiers du temps ont rapporté la mort de M. P..., mais ils ont caché la vérité.

Le jour de mon arrestation, il était, en effet, sorti de chez lui entre cinq et six heures du soir, après avoir dîné avec ses amis; il est probable qu'il ignorait encore mon arrestation au Palais-Royal, qui avait eu lieu vers trois heures de l'après-midi.

Le lendemain, un garde trouvait M. P..., étendu presque sans vie dans la forêt du Vésinet ; il y avait près de lui un pistolet déchargé, et un autre chargé que l'on trouva dans sa poche ; ces deux pistolets furent reconnus pour lui appartenir.

Assurément ceux qui l'avaient assassiné voulaient faire croire à un suicide ; mais, contre leur prévision, mon oncle vécut encore trois jours, assurant qu'il avait été assassiné ; recommandant qu'on fît dans la forêt les plus actives recherches pour découvrir ses assassins, ainsi qu'un portefeuille rouge qui renfermait, disait-il, la sûreté de ses créanciers.

Ce fut un domestique de l'hôtel qui me donna ces détails.

Je compris que les ennemis de mon oncle n'arrêteraient pas là leurs entreprises, et que Charlevry chercherait à se défaire de moi ; cela lui était d'autant plus aisé qu'il venait d'être chargé de la liquidation de la maison de banque de M. P.... Le passif était de cinquante-trois millions ; quinze cent familles, par suite de l'assassinat de M. P..., se trouvaient plongées dans la misère.

Ainsi finit par un funeste désastre cette association inique, dont l'existence provoquait depuis soixante ans la colère céleste.

— Je déplore profondément la mort de M. P..., se dit le baron après cette lecture, mais tout ça ne me dit pas où sont les deux millions. Ah ! voici deux feuillets pourris par l'humidité ; ce serait réellement fâcheux, si c'était sur ces feuillets que fût mentionnée la cachette aux millions. Ah ! ici le récit affecte la forme d'un journal.

10 septembre 1789.

« Je suis retiré dans la maison de l'impasse des Vignes ; tous mes efforts pour trouver Lucie ont été infructueux. Charlevry jouit d'un crédit considérable ; il s'est fait affilier à je ne sais combien de sociétés patriotiques ; cependant on commence à murmurer contre lui ; les créanciers de la banqueroute de mon oncle prétendent qu'il les exploite. De là à l'appeler aristocrate, il n'y a qu'un pas.

10 janvier 1790.

Je suis toujours sans nouvelle de Lucie ; aurait-elle trouvé la mort dans la catastrophe du Vésinet ? Ce misérable Charlevry est parvenu à faire rendre contre moi, il y a deux mois, un décret de prise de corps ; je ne sors plus que déguisé ; l'or devient de plus en plus rare, et je risque à me faire découvrir en mettant en circulation des doubles louis dont se compose le trésor que la prévoyance de M. P... a su nous réserver.

L'absence de Lucie me plonge dans la plus cruelle anxiété.

Hier, le hasard a fait tomber entre mes mains

un numéro de la *Gazette nationale*, et j'y ai vu que le citoyen Charlevry y avait été accusé d'incivisme à la tribune des Jacobins. Son accusateur allait même jusqu'à dire qu'il cachait chez lui une aristocrate.

Cependant, disait le journal, une perquisition faite rue d'Enfer n'avait amené aucun résultat. Le dénonciateur du citoyen Charlevry avait été honteusement chassé de la société mère, et sur la proposition d'un membre, le président avait donné l'accolade fraternelle à cette victime de la dénonciation.

Je dois le dire, la lecture du procès-verbal de cette séance des Jacobins, me vint à l'esprit toute la nuit.

Pour moi, il était à peu près certain que ce misérable avait dû, après avoir assassiné M. P..., s'être emparé de ma femme et la tenir prisonnière rue d'Enfer.

Du moment que j'eus cette idée, elle devint à l'état fixe chez moi, et je résolus de pénétrer la nuit suivante, dans l'ancien hôtel de mon oncle.

5 février 1790.

Ce matin ma bien-aimée Lucie est morte dans

mes bras des suites des accès de terreur et des souffrances que lui avait fait endurer ce misérable Charlevry. »

— Ah! se dit le baron, ici paraît s'arrêter cette sorte de journal; qu'est-ce que cela? Le rédacteur a supprimé le *je* pour le remplacer par le récit; il y avait chez M. le comte de Surinom les éléments nécessaires pour faire un homme de lettres.

XI

Il était près de dix heures du soir et la route du Vésinet à Saint-Germain était déserte à cette heure.

Dans un cabaret situé à l'entrée de la forêt, deux individus étaient attablés, il y avait devant eux une bouteille et des verres, mais au premier coup d'œil il était facile de voir qu'ils n'y avaient pas touché ; ils avaient du vin, probablement parce que, dans un cabaret, pour avoir le droit de s'y asseoir, il fallait consommer.

Les vêtements de ces deux hommes paraissaient annoncer des artisans ; cependant leurs mains blanches et la montre d'or enrichie de diamants que, l'un d'eux avait imprudemment tirée de sa poche indiquaient assez que ces deux hommes n'appartenaient pas à la classe populaire.

— Dix heures, dit l'un d'eux, et rien !

— Tant mieux, plus tard il viendra et plus facile sera l'opération.

— Dites-moi, Jacques, vous êtes bien sûr de ce que vous m'avez avancé ?

— Encore avec vos hésitations, baron......

— Soyez prudent, dit tout à coup celui auquel son interlocuteur venait de donner le titre de baron.....

— Bah ! nous sommes seuls.

— Les murs ont des oreilles.

— Allons donc ! fit celui que le baron avait appelé Jacques. Cet homme, comme je vous l'ai dit tout à l'heure, possède trop de secrets, il faut pour la sûreté de tous qu'il disparaisse.

— C'est affreux !

— C'est possible ; mais la raison d'Etat l'exige.

— Dites plutôt l'intérêt commun.

— L'intérêt commun, ou la raison d'Etat, je ne chicane pas sur les mots, l'exige.

— Ainsi, dit le baron, cet homme, il y a une heure environ, a quitté sa maison de Paris pour venir ici parce qu'une lettre, qu'il croit émanée d'un ami, lui annonce qu'il va se tenir une réunion importante ; il a quitté les siens rempli d'espoir ; cet

homme est plein de santé, de vie, et nous, au nom
de l'intérêt commun, nous allons l'attendre et lui
crier : Tu n'iras pas plus loin ; une balle, un coup
de couteau, que-sais-je ? un instrument meurtrier
aura raison de cet homme ; savez-vous que c'est
tout bonnement affreux ce que nous allons faire là !

Jacques regarda fixement le baron.

— Savez-vous que, s'il y a quelque chose, je ne
dirai pas d'affreux, mais de regrettable, c'est de
me trouver en votre compagnie pour cette expédi-
tion ?

— Qu'entendez-vous par ces mots ?

— J'entends qu'avec vos hésitations, on peut
avoir à craindre plus tard des révélations.

— Ce soupçon...

— Est justifié par votre attitude en ce moment,
interrompit vivement Jacques.

— Vous m'insultez.

— Pas si haut !

— Vous m'en rendrez raison, dit le baron.

— Et pendant ce temps, P... nous échappera.

La dispute allait peut-être dégénérer en rixe,
lorsque la porte du cabaret s'ouvrit brusquement
et Charlevry costumé en paysan avec un fusil de
chasse à la main, parut.

— Arrivez, il n'est que temps ; il vient d'entrer dans la forêt.

Les deux hommes qui, depuis qu'ils se menaçaient, se tenaient debout, restèrent à leur place.

— Eh bien ! ne m'avez-vous pas entendu ? dit-il, mais cette fois avec le ton du commandement.

— C'est le baron qui a des scrupules, dit Jacques d'un ton railleur.

— Des scrupules ! fit Charlevry.

—Oui, répondit le baron d'une voix ferme. J'ai agi trop à la hâte en acceptant de vous accompagner.

— Alors, vous refusez de nous suivre ?

— Ce crime ne s'accomplira pas ! s'écria avec force le baron.

Mais, à peine avait-il achevé cette phrase, que Charlevry avait épaulé son fusil et fait feu sur le baron ; il l'avait bien visé, car le corps de la victime tomba à terre, la tête fracassée par une balle.

Jacques était comme terrifié. Charlevry prit la chandelle qui était sur la table, et se penchant sur le cadavre qu'il éclaira :

— Il est bien mort ! venez-vous ? demanda-t-il à Jacques.

Celui-ci sortit sans faire aucune observation.

Quant à Charlevry, il souffla la chandelle, sortit du cabaret dont il ferma la porte à double tour, et mit la clef dans sa poche.

Ce ne fut que lorsqu'ils se trouvèrent dans la forêt que Jacques retrouva l'usage de la parole.

— Pourquoi, lui dit-il, vous être porté à cette extrémité terrible envers le baron ?

— Mais vous n'avez pas vu que cet homme allait nous trahir ? D'ailleurs, ce matin, n'a-t-il pas été arrêté dans la réunion que P... devait être mis à mort pour la sûreté de tous les membres du pacte de famine, et que celui qui, après avoir été désigné par le sort, reculerait, serait mis à mort ?...

— C'est vrai, vous êtes dans votre droit strict, mais je ne voudrais pas avoir la mort du baron à me reprocher.

Charlevry ne répondit pas ; cependant, après quelques minutes de marche, il s'arrêta brusquement :

— Si vous hésitez, lui dit-il, il est encore temps de vous retirer.....

— Pour que, quand j'aurai fait trois ou quatre pas, vous me logiez une balle dans la tête.

— Jamais !

— Je ne vous blâmerais pas ainsi, je vous en ferais autant si je vous voyais fuir.

Ces deux hommes étaient dignes de se comprendre.

Pendant que ce dialogue avait lieu, M. P... s'enfonçait dans le bois du Vésinet avec la confiance d'un homme qui n'avait rien à craindre. On a peine à comprendre cette inconcevable imprudence de la part d'un homme porteur d'autant de valeurs, et qui avait tout à craindre de ses ennemis. Il venait de parcourir une partie de la route, lorsque tout à coup deux hommes masqués lui barrèrent le chemin.

— Que me voulez-vous ? lui demanda-t-il, est-ce ma bourse ? la voici.

— C'est ta vie ! dit l'un d'eux en lui saisissant le poignet, tandis que le second lui appuyait le canon de son fusil sur la poitrine.

— Que vous ai-je fait, dit le malheureux, pour vouloir ma mort ?

Et lui aussi, comme le baron un instant avant, tomba sur le sol.

Les deux assassins s'emparèrent du portefeuille ; ils allaient s'enfuir, lorsque Jacques se ravisant :

— Nous oublions le principal.

— Quoi donc ? demanda Charlevry.

— Faire croire au suicide.

— C'est juste.

Jacques tira des poches de sa houppelande deux pistolets, il en déchargea un qu'il plaça près du mort, et glissa l'autre dans la poche du pantalon.

— Bien habile, dit-il, celui qui pourra prouver que le banquier ne s'est pas suicidé, et les deux misérables s'éloignèrent du théâtre du meurtre.

. . . .

— Encore une lacune, dit le baron avec dépit, quatre feuillets détruits par l'humidité, il est probable que la partie qui suit a trait à madame Lucie de Surinom ; ça commence par une sorte d'invocation.

« O mon Dieu ! pourquoi avez-vous permis que Lucie tombât entre les mains d'un Charlevry ? Tant de beauté, d'innocence ne devait pas trouver grâce devant un homme qui ne reculait pas devant un meurtre.

Lucie connaissait par son oncle le moyen de fuir de cette maison qui naguère lui était si chère et aujourd'hui si odieuse. Mais, pour arriver à gagner le passage, il lui fallait passer par le cabinet qui touchait à la pièce où se tenait Charlevry ; ce ne fut que le deuxième mois de sa captivité qu'elle put parvenir à tromper la vigilance de son geôlier ; mais, pour son malheur, elle avait négligé de fermer la porte de communication, et quand elle arriva dans les catacombes, les mains meurtries, son bourreau était à quelques pas d'elle.

Que les sceptiques viennent donc nier que deux cœurs qui s'aiment n'éprouvent pas les mêmes sensations, les mêmes craintes aux heures du danger.

A ce moment où Lucie, un flambeau à la main, s'engageait dans les catacombes et où Charlevry la suivait, se cachant derrière les piliers, étouffant le bruit de ses pas, je sortais à mon tour pour me diriger vers la maison de la rue d'Enfer.

Cette lumière que je vis au loin, me causa une certaine frayeur.

En effet, ce pouvait être des agents de la commune en tournée d'inspection ; je me hâtai de gagner l'entrée de ma cave ; presque aussitôt j'entendis pousser un cri terrible, c'était Lucie qui venait d'apercevoir qu'elle était suivie ; d'un bond elle atteignit l'entrée de la cave.

— Qui que vous soyez, s'écria-t-elle, protégez-moi !

Elle ne m'avait pas reconnu ; du reste, le costume que je portais ne ressemblait en rien à celui que j'avais autrefois.

— Lucie ! chère Lucie...

— Il vient, me dit-elle, défends-moi, Charlevry est là.

Presque au même instant la tête hideuse de l'assassin de mon oncle, du ravisseur de Lucie, paraissait à l'orifice du trou ; il y avait près de moi une barre de fer, je la saisis comme j'eusse pu faire d'un bâton et j'en assénai un coup terrible sur la tête du misérable.

Des débris de cervelle, du sang voltigèrent ; quant à Lucie, debout, le bras levé, elle éclairait cette scène funèbre, et contemplait froidement le corps de son ennemi couché à terre.

Mais bientôt cette force de volonté soutenue jusqu'alors, disparut ; une sorte de défaillance s'empara d'elle, je la pris dans mes bras et la montai dans ma chambre ; ce fut alors qu'elle me fit le récit des tortures qu'elle avait endurées ; son âme était brisée............................

....

....

J'ai laissé pourrir dans un coin comme indigne

12

de sépulture, le corps de Charlevry, et maintenant ;
ô toi, entre les mains duquel arrivera ce trésor,
tâche d'en faire un bon usage, l'Eternel te deman-
dera compte de l'emploi que tu en auras fait. » -

Cette invocation à l'Etre suprême parut faire peu
d'impression sur le baron.

— On la connaît, celle-là, dit-il de ce ton intradui-
sible qui lui était propre ; mais bientôt un sourire
de satisfaction se peignit sur ses traits : il venait de
voir en caractères microscopiques la note concer-
nant le trésor.

« Les deux millions, composant la réserve de
M. P... se trouvent contenus dans huit caisses ;
sept sont d'égale grandeur ; la huitième qui contient une partie en écus de six livres, est beaucoup
plus grande ; elle renferme cinq mille cent vingt-
cinq doubles louis, et cinq mille trois cent vingt-
huit pièces de six livres ; chacune des sept autres
caisses contient cinq mille cent vingt-cinq doubles
louis. »

Le baron prit une plume et traça quelques
chiffres sur le papier.

— Le grand-oncle de Charlotte savait compter,
dit-il, le tout fait bien deux millions.

Quoiqu'il fût aguerri depuis longtemps à toutes

les émotions, des gouttes de sueur n'en perlèrent pas moins sur son front, quand il arriva à ce passage :

« Les huit caisses se trouvent derrière la plaque de la cheminée de la chambre du premier étage. »

— Ici ! dit le baron, dans cette chambre ; les deux millions sont là devant moi ; il se leva de son fauteuil avec une vivacité fébrile ; il alla chercher un balai et en un tour de main le foyer de la cheminée fut déblayé ; il est vrai qu'un nuage de cendres, de poussière, s'éleva dans la chambre ; mais le baron, si soigneux d'ordinaire de son mobilier, s'inquiétait bien de tout cela.

Mais il restait le plus difficile à faire, c'était d'arracher la plaque de la cheminée. Pour cela un levier, une pince devenaient nécessaires ; il y en avait bien dans la deuxième cave ; mais le baron hésitait à y descendre ; mais, comme il n'y avait pas moyen de s'en passer, il se décida malgré sa répugnance à y descendre.

La cave souterraine était pleine de vapeurs produites par l'ébullition de la chaux. A la vue des ossements de Charlevry et du corps de Fadard, l'esprit sceptique du baron se donna un libre cours.

— Je suis sûr que ce cher Charlevry me saura gré de lui avoir donné un compagnon, car depuis soixante ans qu'il est là, il devait bien s'ennuyer.

Le baron, après avoir donné un coup d'œil à ces deux victimes, remonta dans sa chambre, traînant la pince après lui.

Ce fut un travail long et pénible pour lui ; enfin la plaque finit par tomber sous les coups répétés ; le baron laissa sa pince devenue inutile, et se traîna sur les genoux pour arriver jusqu'à l'ouverture qu'il avait mise à jour ; mais un vif désappointement se peignit sur ses traits.

La cachette était vide !

— Joué ! s'écria le baron ; quelqu'un est venu ici avant moi, et a pris le trésor ; j'ai abîmé la plaque de ma cheminée pour rien ; canaille de Surinom ! et moi, de quels termes pourrai-je me traiter, pour avoir été la dupe de ce maniaque, de ce fou ! de moi qui me suis apitoyé sur les malheurs de Lucie ; quel âne je suis ! Cependant la cachette est là.

Le baron se traîna encore une fois sous le manteau de la cheminée et entra de nouveau dans la cachette, mais il remarqua que le sol était garni

d'une plaque de fer ; que plusieurs vis la mainte-
naient.

— Voici du nouveau, dit-il, ne nous désespé-
rons pas trop.

A la vue de ces vis, le baron venait d'avoir une
lueur. Ce ne fut qu'après un travail pénible surtout pour lui naturellement faible, qu'il parvint à
dévisser la plaque ; sous cette plaque était le dessus
d'une caisse.

Il eut une sorte de tressaillement ; c'était le trésor qui était là, il ne se rappela plus les prescrip-
tions de Fadard touchant les difficultés d'ouverture
de la caisse et du danger qu'il pouvait y avoir à
l'ouvrir ; ce fut à coups de pince qu'il frappa sur
le couvercle, et qu'il le brisa.

Aussitôt qu'il eut un trou capable d'y plonger
le poing, il passa sa main et tira des pièces d'or...
Alors ce fut du délire, il mit la caisse en pièces afin
de jouir de la vue du trésor.

Enfin il finit par se lasser de tirer des pièces d'or.

Il sortit de la cheminée dans un état pitoyable :
on eût dit un ramoneur.

— Ah ! s'écria-t-il en donnant un coup de pied
dans le monceau d'or, c'est donc parce que je n'ai
pu en avoir à l'heure dite à ma disposition que la

société m'a déclaré indigne, que j'ai été ruiné, flétri ; ah ! maintenant quelle satisfaction je vais pouvoir me donner ; avec quel plaisir je vais pouvoir flageller cette société, et lui rendre mépris pour mépris.

XII

Mais retournons en arrière.

C'était seulement quelques heures avant la représentation de début de Merluchette.

Rose Pompon était à sa toilette, ce qui est une façon de parler, car la toilette de ces dames est depuis longtemps une affaire de peinture, et la mode a même donné à cette toilette qui commence au front et s'arrête aux épaules, le nom de maquillage.

Rose Pompon qui, depuis son aventure de Vincennes, était une femme à la mode, ne pouvait décemment faire autrement que de se maquiller, et tout en se livrant à cette partie importante de sa toilette et en songeant à l'effet qu'elle allait produire le soir à une avant-scène des Délassements-Comiques, elle pensait un peu à Casimir, qu'elle n'avait pas vu depuis la correction que la foule lu avait administrée sur le terrain des courses, et avec qui elle était bien décidée à rompre.

Rose Pompon était une fille de résolution ; trois ou quatre volées de Casimir l'avaient aguerrie, son aventure du faubourg Saint-Antoine ne lui faisait plus redouter le scandale, et elle s'était aperçue que cela était très bien porté.

Rose, afin d'être sûre de mettre Casimir dehors, avait pris à son service une sorte de géant qui sortait du service ; Jean fut enchanté d'entrer en condition et d'avoir une belle livrée.

Les fonctions de Jean, lorsque sa maîtresse était là, était de demeurer dans l'antichambre et de ne laisser passer que les personnes que lui désignait Juliette la cameriste.

Casimir qui était resté trois jours au lit des suites de son affaire de Vincennes, se dit un matin qu'il ne pouvait pourtant tenir rancune à Rose Pompon ; il était d'autant plus incité à lui pardonner que les fonds étaient bas chez lui ; il se présenta donc chez son amie. D'ordinaire, il ne demandait pas sa maîtresse et passait tout droit, il sonna ; ce fut l'heiduque qui vint lui ouvrir.

— Qui demandez-vous ?

— Je demande mademoiselle Rose Pompon.

— Entrez.

Nous devons dire qu'à la vue du domestique carabinier, Casimir avait eu quelques craintes, mais la facilité avec laquelle celui-ci le laissait entrer, lui ôta toute espèce de doute.

— C'est une fantaisie que Rose Pompon a eue d'avoir un colosse à son service, voilà tout, se dit-il.

Mais cette illusion ne devait pas tarder à lui être enlevée.

— Si vous voulez me dire votre nom, monsieur? lui demanda le domestique.

— Mon nom, mon nom; avec moi on ne fait pas tant de manières, je passe sans le donner!!!...

Et tout en parlant, Casimir voulut franchir la deuxième porte qui donnait dans l'appartement, mais aussitôt, sans respect pour les convenances, la main du domestique s'abattait sur l'épaule de Casimir.

— Où allez-vous ?

— Je vais chez moi; je suis M. Casimir, et faites attention à vos paroles.

— Consigné à perpétuité, dit le domestique avec une gravité comique; c'est l'ordre de madame.

— Ah ! c'est comme cela, eh bien ! je vais faire une scène.

Casimir oubliait ce précepte d'un sage, c'est qu'on ne doit jamais se laisser emporter par la violence, surtout lorsqu'on n'est pas taillé en hercule ; Casimir apprit trop tôt cette vérité. Le domestique le prit par les flancs et l'enleva de terre comme il eût fait d'un enfant...

— Mademoiselle Juliette ! cria-t-il ; tandis que Casimir semblable à un pantin, battait le vide avec ses bras et ses jambes ; la soubrette accourut.

— Ah ! que c'est drôle, dit la femme de chambre en voyant la situation grotesque de Casimir ; il faut que j'appelle madame, pour qu'elle rie, elle aussi.

— Canaille ! brigand ! hurlait Casimir ; j'étranglerai Rose Pompon ; je vous ferai tous arrêter.

— Jean ! dit Rose qui venait de paraître avec sa bonne ; jetez ça dehors. Non ! dit-elle, se ravisant, descendez Monsieur jusque sur le trottoir ; ses pieds sont boueux, ils tacheraient le tapis de l'escalier.

— Tu me payeras cela, coquine !

— C'est bon ! c'est bon !

— N'insultez pas madame, ou je vous jette par-dessus la rampe, dit le colosse.

Cette menace produisit son effet. Casimir se tut. Juliette ouvrit la porte et Casimir, malgré ses protestations, fut descendu par Jean jusque sur le trottoir ; une fois dans la rue, une nouvelle humiliation l'attendait.

— Vous savez, lui dit le concierge, qu'une pièce de vingt francs avait fait passer à l'ennemi, votre logement ne vous donne pas le droit de passer par le grand escalier, mais seulement par l'escalier de dégagement ; faites attention que je n'y rencontre pas votre museau.

C'était le coup de pied de l'âne.

— Je me vengerai, coquine, dit Casimir en montrant le poing dans la direction des fenêtres de Rose Pompon. Oui, je me vengerai ! cria-t-il de nouveau à sa maîtresse qu'il venait d'apercevoir derrière une vitre de la croisée et lui faisant un des gestes communs des gamins de Paris.

Au moment où Casimir se retirait furieux, la calèche du baron Dixmier s'arrêtait devant la porte de Rose Pompon.

— Qu'est-ce que peut venir faire ici le baron ? se dit Rose en observation derrière les rideaux...

Assurément que si cette fille avait pu savoir ce que le baron attendait d'elle, elle eût été effrayée, et peut-être eût-elle reculé devant l'accomplissement de ses propositions.

— Vous êtes charmant d'être venu me dire un petit bonjour, lui dit-elle en voyant entrer le baron ; vous voyez qu'avec vous je ne fais pas de manière, je vous reçois à ma toilette.

— Comment une aussi jolie personne peut-elle sacrifier au goût du jour, en se peinturlurant de la sorte ? lui demanda le baron.

— Que voulez-vous, baron? nous sommes les esclaves de la mode ; la mode est aujourd'hui aux cheveux rouges, aux sourcils et aux lèvres peintes ; sous peine de déchoir, il faut suivre le mouvement.

— C'est juste, c'est juste, dit le baron qui paraissait penser à autre chose. A propos, comment êtes-vous avec M. Demarsais ?

— Assez mal. Vous avez su mon ovation dans le faubourg ?

— Oui, j'en ai entendu parler.

— Ce que les journaux en ont dit est un récit bien affaibli.

— Vraiment !

— Je vous avoue que j'ai eu un assez mauvais

quart d'heure à passer, mais cela a eu un avantage pour moi, j'ai été posée de suite.

— C'est une belle réclame que vous avait faite la canaille du faubourg.

— La seule chose que je regrette, c'est de n'avoir pu souffleter ce petit Emile.

— Avouez, belle dame, que vous lui aviez fait jouer un rôle assez ridicule.

— C'est possible ; mais, en somme, je lui donnais, à lui aussi, les moyens de se poser.

— C'est un enfant, il ne faut pas lui en vouloir.

— Ça, je ne le lui pardonnerai jamais.

— Bien vrai ?

— Bien vrai.

— Je vous avoue que si vous m'aviez dit le contraire, cela m'aurait vivement mécontenté, et pourtant je tiens à ce qu'il y ait un rapprochement entre vous et Emile.

— Expliquez-vous.

— C'est ce que je vais faire. Ne me demandez pas de remonter à l'origine de ma haine contre ce jeune homme ; qu'il vous suffise de savoir que non-seulement elle existe, qu'elle est vivace, mais qu'encore elle enveloppe tout ce qu'il aime, tout ce qui le touche, de près et de loin.

— C'est ce qu'on appelle une haine carabinée.

— Je ne sais où vous avez été chercher cette expression ; mais, si, à vos yeux, elle est synonyme d'une haine sans trêve, sans merci, de tous les instants, vous avez dit juste. Je viens donc vous dire, à vous, Rose Pompon, qui avez souffert des insultes de ce jeune homme, voulez-vous faire cause commune avec moi ? joindre vos légitimes ressentiments à ma haine et marcher d'après mes indications ? voudrez-vous être le bras qui exécutera mes arrêts ? Pour cela, seulement, je vous assure dix mille francs par an...

L'assurance d'une rente aussi forte donna à réfléchir à Rose Pompon.

— Vous ne me demandez pas autre chose que de me conformer à vos volontés ?

— Pas autre chose.

— Vous lui en voulez donc bien, à ce garçon, que vous sacrifiez de gaieté de cœur une somme semblable ?

— Ma chère enfant, si vous tenez à ce que notre marché subsiste, vous oublierez de me demander des explications.

— Je ne vous en demanderai que lorsque vous ne penserez pas à me payer ma rente.

— Vous avez de l'esprit ; seulement l'esprit ne suffit pas dans la vie ; il faut l'esprit de suite ; en ce moment, vous êtes en faveur parce que vous êtes jeune ; vous jetez un peu de boue aux honnêtes filles, mais plus tard, alors que ces femmes seront honorées dans leur vieillesse, vous serez méprisée et peut-être condamnée pour vivre à balayer ce boulevard où vous avez trôné.

— En avez-vous long à me dire comme ça, baron ?

— Non, mais je vous le dis, afin de vous faire comprendre l'importance d'un titre de rente de dix mille francs inaliénable et en même temps insaisissable.

— Cela ne fait jamais que deux cent mille francs à ma disposition ; si je prends Emile, il y en aura trois cent mille.

— Oui, à dépenser follement.

— On vit.

— Si après cette vie la mort arrivait, je comprendrais votre raisonnement ; mais vous en avez tout au plus pour dix ans ; à trente ans, vous serez déjà vieille, bien vieille, et c'est alors qu'il vous faudra remplacer les charmes absents par des prodiges de toilette ; ce sera une agonie de quelques années, voilà tout ; et alors, comme je vous le disais tout à l'heure, vous tomberez bien bas, bien bas... -

— Je le sais.

— Vous le savez, et malgré cela vous continuez cette vie.

— Le moyen de m'arrêter ?

— C'est vrai, l'homme n'a donné à la femme aucun moyen pour se réhabiliter lorsqu'elle est tombée.

— Mais enfin, dit la courtisane, quelle conduite dois-je tenir vis-à-vis d'Emile ? car je ne dois pas vous cacher que je le hais, plus que je ne l'ai aimé...

— Etes-vous bien sûre que ce soit la haine et non un ressentiment qui soit dans votre cœur ?

— C'est la haine ; car les insultes des autres, je je ne les ai pas entendues, elles m'ont laissée froide ; mais les siennes, elles m'ont fait l'effet d'un fer rouge : elles étaient comme une sorte de flétrissure.

— Bien, bien, Rose Pompon, dit le baron dont les yeux s'illuminaient, tu es bien la femme qu'il me faut pour accomplir mon œuvre ; tu as aidé à ruiner Demarsais, sache qu'il a encore de l'or et que tu peux tirer de lui cent mille francs ; après cela, tu le jetteras au fumier, car il sera alors tombé tellement bas, qu'il n'inspirera plus de la pitié ; mais il faut que ton œuvre de destruction, de ruine, soit plus grande vis-à-vis du fils de Létang ; il y a un homme, qui, un jour, a représenté la société ; dans ma lutte avec lui, j'ai succombé ; il m'a traité rudement, il y a vingt ans de cela ; pendant vingt ans, la vengeance a sommeillé dans mon cœur, aujourd'hui je trouve l'occasion de la satisfaire, et elle se réveille plus terrible, plus implacable que jamais ; il faut que, comme les Orientaux à l'égard de leurs ennemis, je lui rende œil pour œil, dent pour dent ; cet homme a une fille qui aime Emile ; cet Emile qui t'a outragée en plein champ de manœuvres, sous les yeux de tout Paris, il faut qu'il devienne ta chose, que tu le ruines ; et quand il aura laissé chez toi sa bourse, son cœur, sa santé ; quand il aura rompu avec sa famille, qu'il sera devenu un objet de dégoût pour ses proches, quand il sera arrivé, car je veux qu'il en arrive là, à t'offrir son nom, tu le feras jeter dehors par ton valet... Voilà pourquoi je t'offre dix mille francs par an... Seras-tu assez habile, auras-tu le cœur assez bronzé pour jouer ce rôle ?

— Les dix mille francs m'y aideront, répondit la courtisane avec un sourire qui lui permit de montrer ses dents.

— Alors, dès ce soir, ma fille, il faut te mettre à l'œuvre; demain, je m'occuperai de te constituer chez mon notaire ton titre de rente.

XIII

Folie de Demarsais. — Ruse infernale de Rose Pompon. — Une lettre perfide. — Une entrevue. — L'ennemi attaque Jeanne.

Ainsi que nous l'avons dit plus haut, Demarsais qui n'aimait pas Rose Pompon, s'était mis dans l'idée de vouloir la posséder seul ; il avait réalisé de tous côtés l'argent qu'il avait pu se procurer, et, muni d'une somme ronde, il voulait l'emmener en Belgique, où il vivrait avec elle.

C'est pour lui parler de ses projets, qu'il se présenta chez elle.

— Bonjour, belle ange, dit Demarsais en entrant au salon ; me tient-on toujours rigueur ; sommes-nous dans l'intention de me bouder ?

Si Rose Pompon n'avait écouté que son propre mouvement, elle eût répondu d'une façon inconvenante à Demarsais ; mais elle se rappelait que le baron lui avait dit que celui-ci pouvait encore disposer de cent mille francs, et elle n'était pas femme à ne pas profiter de cet avertissement.

— Est-ce qu'on peut vous tenir rigueur ? dit-elle en minaudant. J'ai bien à me plaindre de vous, il est vrai, mais je veux tout oublier ; je veux être charmante, aimable au possible pour vous faire regretter toutes vos méchancetés.

Demarsais fut assez maladroit pour essayer de parler de l'affaire de Vincennes.

— Le passé est loin, dit Rose Pompon, parlons d'autres choses. De toi, de tes affaires, car quoique fort souvent tu aies l'inconvenance de me prendre pour une grue ou quelque chose d'approchant, je connais aussi bien que toi ta situation financière, je vis un peu de ta vie et désormais je veux partager avec toi tes peines et tes joies.

— Mais tu es charmante ce soir, jamais je ne t'avais vue aussi aimable !

— Oh ! je me suis fait bien des reproches depuis notre dernière entrevue ; j'étais folle en te demandant de me préférer à ta femme ; mais l'amour, la passion ne raisonnent pas. Je te voulais tout à moi ; mais maintenant la froide raison est venue modérer mes transports ; j'ai compris que tu étais marié, que tu te devais à ta femme.

Demarsais était transporté d'entendre parler sa maîtresse de la sorte :

— Quelle différence, se disait-il, entre elle et ma femme ; ainsi cette fille qui n'a rien à attendre de moi, se jette dans mes bras... Elle m'aime pour moi-même, tandis que ma femme m'a aimé pour mon nom, pour ma fortune.

Ainsi cet homme se mentait à lui-même avec la dernière impudence, mais il éprouvait le besoin de tromper sa conscience.

La courtisane s'était assise sur un petit tabouret et avait mis sa tête sur les genoux de son amant.

— M'aimes-tu autant que je t'aime ? lui demanda-t-elle.

— Plus, répondit-il.

— M'aimes-tu assez pour fouler aux pieds tous les préjugés, pour vivre avec moi comme je veux vivre avec toi ?

— Oui, oui...

— Eh bien, partons !

— Oui, partons, dit Demarsais qui, toujours si maître de lui, quand il s'agissait de ses affaires, venait de perdre la raison.

— Veux-tu fuir avec moi ? lui dit-il tout à coup.

— Tu quitterais la France, ta femme ?

13.

— Oui.

— Mais pour partir il faut des ressources.

— J'en ai.

— Que possèdes-tu ? lui demanda Rose Pompon qui, avant tout, était une fille aimant à se rendre compte et tenait à savoir si elle pouvait tirer cent mille francs de son amant.

— Quatre cent mille francs !

— Réalisés.

— A peu près, c'est-à-dire que, d'ici à deux jours, je puis les avoir ; j'ai déjà un commencement dans ma poche.

— Fais voir, dit-elle avec l'impatiente curiosité d'un enfant.

Demarsais ouvrit son portefeuille et en tira une liasse de billets de banque.

— Voici un paquet de cent, dit-il, et un paquet de soixante-quinze.

C'était ce qui lui restait sur les deux cent mille francs que lui avait remis son banquier.

— Donne-moi le gros paquet...

Demarsais fit un mouvement de recul.

— Oh ! dit Rose Pompon avec câlinerie, ce n'est pas pour moi que je te demande cette somme. C'est pour la garder ici jusqu'au jour du départ.

— Alors, tu es décidée à me suivre?

— Partout, répondit-elle. Aujourd'hui même, je vais mettre l'appartement à louer et faire venir un marchand de meubles pour lui vendre tout mon mobilier. Quelle vie heureuse nous allons mener ! Je pourrai donc te voir tous les jours, t'aimer sans contrainte, et te savoir à moi, bien à moi, toujours à moi.

Au bout de deux heures, Demarsais partait de chez Rose Pompon le cœur content et son portefeuille allégé de cent mille francs, il est vrai qu'il devait reprendre cette somme le jour du départ, et qu'il ne l'avait laissée là que pour montrer à l'aimable fille son vif désir de partir avec elle.

— Victoire ! victoire ! cria la courtisane, quand elle fut seule, je tiens les *monacos !* Afin de m'ôter toute idée de lui rendre son argent, je vais envoyer cette somme à la Banque de France ; plus souvent que je vais quitter Paris pour le suivre ! Maintenant à l'autre !

Et Rose Pompon se mit devant son petit bureau, une miniature en bois de rose, et écrivit le billet suivant à Emile :

« ÉMILE,

« Voilà trois jours que je ne vous ai pas vu ! trois siècles ! J'ai agi comme une folle avec vous, je vous en demande pardon ; je suis au lit, souffrante, je fais appel, non pas à votre amour, j'en suis indigne, mais à votre pitié.

« ROSE. »

— C'est assez plat pour flatter l'amour-propre de ce petit bonhomme.

Ce ne fut qu'aux Délassements-Comiques que le porteur de ce billet parvint à découvrir M. de Létang fils.

— Mais, lui dit un bellâtre, en voyant à la porte de la loge, un second messager, car celui que M. de Létang avait envoyé pour chercher son fils, ne faisait que de se retirer, tu es donc apprenti diplomate ? voici une seconde dépêche.

— La première était de papa, la seconde est de Rose Pompon.

— De cette fille que tu as failli rosser ?

— Mais oui, cher ; lis.

Et la lettre passa de main en main dans la loge ; peu s'en fallut qu'elle fît le tour de la salle.

— Les femmes, dit le bellâtre, pour les gouverner, il faut les battre.

On sait comment Emile avait fait son entrée
chez son père; il avait cru trouver dans les observations qui lui avaient été faites des motifs
suffisants pour aller rejoindre la courtisane.

Celle-ci commençait à désespérer, quand sa
bonne vint l'avertir qu'Emile était là; en un tour
de main, la mise en scène fut faite; Rose Pompon
se coula dans son lit. Une veilleuse allumée, seule
lumière qui éclairât la chambre à coucher, fut posée près de son lit.

Pendant ce temps, la bonne suffisamment
stylée, était chargée d'émouvoir l'âme du candide
Emile.

— Ah! monsieur, quelle journée affreuse madame a passée! J'ai cru qu'elle allait mourir; le
docteur a recommandé bien des ménagements.

— Vraiment, c'est à ce point-là ?

— Depuis cette affaire de Vincennes on a craint
qu'elle ne devînt folle. Quand elle avait quelques
moments lucides, elle en profitait pour dire qu'on
allât vous chercher; elle disait qu'elle voulait vous
demander pardon avant de mourir.

— Bonne fille !

— Oh! oui, monsieur, c'est une bonne fille. Ce
soir enfin Jean a fini par vous découvrir; mais je

sais que, si le docteur était ici, il vous défendrait de la voir pour éviter une émotion trop violente.

Ce que n'avait pu faire les mercuriales de son père sur lui, la bonne de Rose Pompon l'obtenait par ses mensonges ; le récit des souffrances imaginaires endurées par Rose Pompon l'avait dégrisé.

— Je veux la voir ! dit-il, je veux la voir ; du reste, elle m'a écrit de venir, il n'y a qu'une heure.

— Oh ! si le docteur savait qu'elle a commis cette imprudence !

— Mais il ne le saura pas ; tu ne lui diras pas.

— Si monsieur veut être gentil pour madame ?

— Si je serai gentil, mais je le serai même pour toi.

Et lui prenant familièrement le menton, il embrassa la rusée soubrette et lui mit un louis dans la main ; il passa dans la chambre à coucher de la courtisane ; ce fut sur la pointe du pied qu'il y pénétra.

— C'est monsieur de Létang, madame.

— Oui, c'est moi, cher ange, je n'ai pu apprendre sans une peine inouïe votre état maladif et aussitôt que je l'ai pu, je suis accouru pour m'informer de votre santé.

Rose Pompon qui avait la tête cachée dans son

orciller, en mordait la taie pour ne pas éclater de rire.

— Vous m'avez fait bien du mal, dit-elle.

— Je le vois, Rose ; mais j'étais fou alors, et je vous demande pardon.

— Votre pardon est tout accordé, monsieur...

— Appelez-moi Emile.

— Je n'en ai pas le droit.

— Et pourquoi ? demanda le petit jeune homme surpris.

— Une autre règne dans votre cœur.

— Une autre ? Qui vous a dit cela ?

— Il n'y a rien de caché pour une femme qui aime. Depuis quelques jours j'épie vos moindres actions ; oui, Emile, mon amour pour vous est cause que je vous ai fait suivre ; pardon ! pardon ! mais je vous aime trop, mon excuse est dans mon amour ; je sais qu'on veut vous marier ; ce soir, un président de cour n'était-il pas invité à dîner chez vous ? sa fille devait se trouver là ; elle y était...

— Il y a quelque chose de vrai dans ce que vous dites là, mais je n'ai pas assisté à ce dîner.

— Demain vous assisterez à un autre. Votre père veut ce mariage.

— Mon père, mon père, dit Emile avec impatience, mais il faut mon consentement !

— Un peu plus tard, un peu plus tôt, il trouvera bien le moyen de l'obtenir de vous.

— Je n'aime que vous.

— La fille de ce président est belle.

— Moins belle que toi, dit Emile avec passion et en prenant une des mains de Rose Pompon.

— Comment pouvez-vous répondre, alors que je suis dans l'ombre et que vous ne pouvez voir mes traits fatigués par l'insomnie et la maladie ?

— Tu es bien toujours la même ; si je pouvais te voir, je m'apercevrais que tes traits, la maladie loin de les avoir flétris, leur a donné une douce langueur ; depuis longtemps je suis épris de ces traits adorables, tu es la première que j'ai aimée ; veux-tu être à moi pour la vie ?

La courtisane tenait assez à gagner les dix mille francs de rente que lui avait promis le baron ; aussi dans tout cet entretien fut-elle pleine de duplicité ; elle vit bien qu'il lui serait facile de s'emparer de l'esprit d'Emile et de le faire agir comme elle l'entendrait. Rose Pompon était réellement une fille de proie, et le baron avait été admirablement inspiré en venant s'adresser à elle pour l'aider dans ses projets odieux.

Emile partit de chez elle, le cœur plein de promesses, mais sans avoir obtenu d'elle autre chose que la faveur de baiser le bout des doigts de la belle.

— Tout ce que tu as fait là jusqu'à présent, ma fille, dit le baron qui vint voir son élève le lendemain, si ce n'est d'avoir enlevé cent mille francs à Demarsais, n'est pas merveilleux ; mais enfin il faut tenir compte de la bonne volonté ; il faut que tu entames avec ce petit Emile une correspondance très-suivie.

— Ce ne sera pas très-difficile, car je crois qu'il y a chez moi l'étoffe d'un bas-bleu.

— De mieux en mieux. Tu auras le soin de me remettre ses lettres. Je suis amateur d'autographes, dit le baron en souriant ; pour ce qui concerne Demarsais, tu auras le soin de me tenir au courant de ses pas et démarches chez toi. Du reste, tu n'auras pas longtemps à t'en occuper.

— Faudra-t-il le suivre à l'étranger ? demanda-t-elle en commençant à devenir attentive aux ordres du baron.

— Je crois que tu pourras t'en dispenser ; seulement n'oublie pas de m'adresser toutes les communications à mon hôtel rue de la Chaise.

— Quel singulier petit bonhomme! se dit Rose Pompon lorsque le baron fut parti; avec ça que je vais lui confier les autographes d'Emile; je me chargerai fort bien de les contrefaire; de cette façon, je les vendrai deux fois.

Il y avait, comme on le voit, chez la courtisane, l'étoffe d'une fière coquine.

A Paris, toutes les infamies sont possibles avec de l'or, car il n'est pas d'être dégradé qui ne trouve plus dégradé que lui ; nulle passion mauvaise qui ne trouve un misérable prêt à la satisfaire.

Dixmier avait donc eu soin de s'entourer d'un certain nombre de créatures qui lui obéissaient, sinon avec une foi aveugle; du moins avec la plus grande ponctualité. Du reste, il avait adopté un moyen pour s'assurer la discrétion de ses agents, c'était de ne leur rien confier et de ne jamais les mettre en communication avec les autres.

Le deuxième jour de l'arrivée du président Renaud à Paris, tous les gens qui l'approchaient étaient vendus au baron ; profitant habilement d'une sortie que le président avait à faire à la Chancellerie, Dixmier faisait parvenir à mademoiselle

Jeanne un bouquet, et dans ce bouquet il y avait une lettre ; de peur que la jeune fille ne s'en aperçût pas assez tôt, la femme chargée de lui porter ce bouquet avait reçu des instructions.

Dix minutes après la réception des fleurs, Jeanne, retirée dans un coin de fenêtre, dévorait les lignes suivantes :

« Jeanne, vous êtes jeune, vous êtes belle, et il vous préfère une femme plus âgée et moins aimable que vous ; vous êtes un ange, et la femme qu'il vous préfère est un démon ; vous êtes l'innocence même et la femme qu'il vous préfère est la honte de votre sexe.

« Armez-vous de courage, car vous en avez besoin : Émile ne vous aime pas ; quand il sera près de vous, s'il vous parle d'amour, il songera à une autre, moins digne, il est vrai, mais à laquelle il appartient tout entier.

« Le jour de votre arrivée il n'a fait que paraître chez son père ; savez-vous où il est allé finir cette soirée qu'il n'a pas daigné vous consacrer ? Chez cette femme ; et le lendemain, à dix heures, il était chez vous, protestant devant votre père de ses sentiments d'amour pour vous, du désir qu'il avait de vous avoir pour épouse.

« Mensonge ! car à ce moment il pensait que, le soir même, il devait offrir un souper à cette fille et à un certain nombre de ses amis, pour célébrer ce qu'il appelait plaisamment son souper de fiançailles avec cette vierge folle.

« Il me semble qu'à ce passage de ma lettre un sourire de doute passe sur vos lèvres ; tournez ce feuillet et soyez convaincue. »

Jeanne tourna et vit des lignes signées Emile, ces lignes avaient été décalquées sur un autographe du jeune homme.

CHÈRE ROSE,

« Il y a une heure que je t'ai quittée seulement, et je me mets à mon bureau, pour t'écrire ces mots et te dire que je t'aime et n'aimerai jamais que toi.

Ton EMILE. »

SECONDE LETTRE.

« J'ai réfléchi à ta proposition, chère ange, elle ne manque pas d'originalité : mais à quoi bon rassembler tout ce monde, pour le rendre témoin de notre bonheur ? Nous nous aimons, cela ne suffit-il pas ?

« J'ai néanmoins cédé à tes désirs et commandé le souper ; je sais que tu es un peu gourmande, c'est ton péché mignon, aussi la chère sera-t-elle exquise.

« A toi de cœur,

EMILE. »

« Et maintenant, reprenait l'auteur de la lettre, avez-vous la preuve que M. de Létang est enlacé par une femme habile, et cependant il dit qu'il vous aime ; peut-être est-il de bonne foi quand il dit cela, c'est à vous de démêler la vérité ; il y a là pour vous un beau rôle à remplir. Si vous avez de l'énergie, vous pouvez sauver celui que votre cœur a choisi des dangers qu'il court. C'est un ami d'Emile qui vous écrit ces lignes, il connaît assez sa susceptibilité pour savoir qu'il ne lui pardonnerait jamais le service qu'il lui a rendu en cherchant à le tirer des mains de cette femme ; c'est pourquoi il a recours à l'anonyme ; mais le jour où vous aurez triomphé, il se fera connaître....

« Encore une fois, je le répète, et je ne saurais

trop insister sur ce point, c'est à vous, mademoiselle, que le rôle de sauveur appartient.

« Quel moyen emploierez-vous pour triompher ?
je ne sais, je cherche, peut-être serai-je assez heureux pour découvrir ce moyen d'ici à quelques
jours. »

Cette lettre fit une profonde impression sur
Jeanne. Dixmier, en parlant de la plus juste susceptibilité d'Emile, avait voulu que la jeune fille
évitât de parler à son père de la communication qui
lui avait été faite ; assurément, si M. Renaud avait
pu voir ces différentes lettres, il eût reconnu de
suite une œuvre ténébreuse. Jeanne s'exalta, elle
vit dans Emile presque un enfant qu'elle devait
sauver à l'aide de cet ami inconnu.

Pendant que Jeanne rêvait aux moyens d'arracher celui qu'on lui destinait pour mari, aux
étreintes d'une femme perdue, M. de Létang
recevait de son fils les plus vives protestations de
dévouement ; il le remerciait chaleureusement
d'avoir demandé au président la main de sa
fille pour lui. Emile avait su, dans sa visite chez
M. Renaud, faire oublier son escapade de la
veille, et c'était après cette entrevue que Jeanne
recevait cette lettre, qui ne fut pas sans lui porter

un coup terrible ; mais elle se promit d'observer Emile, et de ne prendre conseil que des circonstances sans s'inquiéter de ce qui pourrait en advenir.

M. de Létang possédait à Epinay une maison de campagne, qu'il était dans l'intention d'ajouter à la dot de son fils, et il avait été convenu qu'on irait y passer l'après-midi.

Il y avait à peine quelques instants que Jeanne avait lu la lettre, lorsque son père vint la chercher pour partir.

— Vite ! vite ! lui dit-il, de Létang est en bas dans sa voiture avec sa femme, son fils nous accompagne à cheval ; nous allons passer la journée à Epinay.

Jeanne, avec cette prestesse qui n'appartient qu'aux ingénues, avait fait disparaître la lettre de Dixmier dans une de ses poches. Quant au bouquet, comme il pouvait être, pour elle un indice accusateur, Jeanne, sans s'inquiéter des règlements de police, l'avait jeté par la fenêtre, dès qu'elle s'était aperçue qu'il lui serait assez difficile de donner des renseignements satisfaisants sur sa provenance.

En un instant elle eut mis son chapeau et son châle et elle descendit avec son père.

Une magnifique calèche attelée de deux chevaux était arrêtée devant la porte de l'hôtel. Jeanne se plaça près de madame de Létang, les deux hommes occupèrent le fond de la voiture et Emile qui était à cheval, se plaça à droite de la voiture près de la place où se trouvait la jeune fille.

— Prenez garde! lui cria tout à coup Jeanne, voici une voiture qui arrive.

En effet, le landau de Dixmier arrivait au grand trot en sens inverse et Emile pouvait se trouver pris entre les deux attelages.

De la place qu'occupaient le président et M. de Létang, ils ne pouvaient voir ni la voiture qui venait sur eux, ni les gens qui se trouvaient dedans; mais Jeanne avait reconnu Dixmier et son équipage : elle frissonna.

De Paris à Épinay, la route fut parcourue gaiement, le président était étincelant et M. de Létang, réconcilié avec son fils, avait retrouvé sa gaieté des anciens jours.

Jeanne déploya toutes les grâces séductrices qu'elle devait à sa jeunesse et à sa beauté; elle fut si séduisante que l'image de Rose Pompon disparut bien vite de devant les yeux d'Emile; du reste, la jolie fille de la rue Taitbout n'étant pas là pour

plaider sa cause, elle avait toutes les chances possibles pour être supplantée dans le cœur de son
amant par sa jeune rivale.

Jeanne s'était promis de faire la conquête d'E-
mile; il faut bien le dire, l'amour-propre, un peu
de jalousie aidant, avait presque transformé la
jeune fille; l'amour est un si puissant maître !

— Je n'ai jamais vu Jeanne aussi jolie qu'aujour-
d'hui, dit bas M. de Létang au président, il règne
sur son visage un feu, une vivacité...

— Elle aime, elle est aimée, répondit M. Renaud sur le même ton, voilà tout le mystère.

On arriva à la maison de campagne, un véritable château, construit au centre d'un parc en miniature; ce parc, malgré son exiguïté avait des
allées tortueuses et parfaitement boisées; en voyant
cette demeure, Jeanne commença à comprendre ce
que c'était que le luxe, c'est-à-dire la vie de Paris;
cette maison de campagne devait coûter plus de
dix mille francs d'entretien par an.

— J'aime mieux notre pauvre cabane sur les
bords du Blain, dit-elle à Emile qui lui avait offert
son bras; vous ne vous en souvenez plus ?

— Oh ! si, je me souviens de cette cabane de ro-
seaux où le jardinier serrait ses outils, du bateau à

fond plat, amarré au bord de l'eau, et de nos promenades en forêt, en compagnie de la bonne Madeleine. Je n'ai rien oublié de tout cela, et votre souvenir confondu avec celui de ces lieux est toujours resté présent à ma mémoire.

— Vous pensiez à moi? demanda Jeanne en tournant sa tête mutine vers Emile.

— Si j'y pensais! pouvez-vous me demander cela? mais marchons un peu plus vite, si nous voulons éviter d'être rejoints.

Jeanne ne fit aucune observation à cette proposition, il est probable qu'elle lui plut, car elle se mit à marcher plus vite; ce manége des deux jeunes gens n'avait pas échappé à madame de Létang.

— Je crois que nous gênons nos enfants, dit-elle à son mari et au président; voyez ces deux égoïstes comme ils cherchent à nous devancer; que peuvent-ils donc se dire de si important?

— Ils se disent qu'ils s'aiment, ce que nous nous disions comme eux à vingt ans, lui répondit son mari.

Pendant ce temps Emile et Jeanne avaient tourné l'allée.

— Bien sûr, vous pensiez à moi? demanda

Jeanne qui venait de se pencher pour cueillir une petite fleur.

— Mais sans doute, et ne savais-je pas que le vœu le plus cher de nos parents était de nous unir ?...

— Il faut mon consentement pour cela.

— Le refuseriez-vous ?

— Peut-être, répondit Jeanne qui, tout en marchant, arrachait une à une les pétales de la petite fleur.

Ce *peut-être* prononcé par Jeanne avait un peu froissé Emile, qui s'attendait à des élans de joie : en fait de délicatesses de femmes, il ne connaissait que celles de Rose Pompon ; mais les tendresses de la courtisane étaient d'un goût si pimenté qu'elles avaient fini par gâter le goût d'Emile.

— Que vous a fait cette fleur pour la maltraiter ainsi? demanda Emile après avoir fait quelques pas en silence.

— Je fais à cette fleur ce que bien des hommes font de gaîté de cœur à de pauvres filles en leur arrachant toutes leurs illusions une à une, puis ils font comme je fais pour la fleur, ils la dédaignent et la jettent.

— Vous parlez d'une façon un peu énigmatique.

— Et vous, quand vous me dites que vous avez toujours pensé à moi, que vous n'avez fait que cela, comment parlez-vous?

Jeanne, en disant ces mots, regarda Emile avec une telle fixité, que celui-ci ne put supporter son regard et détourna la tête, se demandant si Jeanne ne connaissait pas ses relations avec la courtisane.

— Et qui pourrait vous en faire douter?

— Je ne puis vous le dire. C'est mon secret. Il est là, dit-elle en frappant sur son cœur. Je puis vous paraître une petite fille, et pourtant cette petite fille saura être votre bon ange, votre protectrice. Je vais, peut-être, vous paraître un peu despote.

— Votre despotisme n'a rien d'effrayant.

— Plus que vous ne pouvez le penser, je suis jalouse à l'excès, et si vous veniez à me tromper, n'attendez de moi aucun pardon.

— Je n'aime que vous, je n'aimerai jamais que vous, dit avec feu Emile en pressant doucement la main de Jeanne.

Mais la jeune fille ne répondit pas à cette étreinte; elle songeait à la lettre qu'elle avait reçue le matin.

— Il en disait autant à cette Rose Pompon hier soir, ce matin, peut-être, se disait-elle.

— Vous paraissez rêveuse.

— Oui, je pense à tout ce que vous venez de me dire.

— Et vous y croyez, n'est-ce pas? Vous avez raison de croire à mes serments.

— Vous êtes de bonne foi, quand vous me promettez de n'aimer aucune autre femme que moi?

— Je vous le jure!

— Rappelez-vous, Émile, que ce serment que vous me faites sans contrainte, je le reçois; à mon tour, je jure de n'être qu'à vous, de n'aimer que vous. Mais sachez que j'ai assez d'énergie pour vous rappeler le serment que vous venez de me faire à l'ombre de ces arbres, même chez une maîtresse, si vous étiez assez lâche pour en avoir une après le serment que vous venez de me faire.

Jeanne avait prononcé ces dernières paroles avec une telle énergie qu'Émile en fut frappé.

— Quelqu'un m'a calomnié auprès de vous.

— Vous voyez qu'il a mal réussi, dans tous les cas, puisque je vous tends la main, dit-elle en lui souriant d'une façon adorable.

— Une lettre anonyme.....

— Vous ne saurez rien, mais je puis vous dire ce que vous faisiez hier soir.

Émile ne put s'empêcher de rougir.

14.

— Hier vous étiez libre; aujourd'hui, ajouta la jeune fille, vous êtes mon époux devant Dieu. Sachez qu'une trahison de votre part me tuerait. Si vous saviez quand j'étais seule, songeant à ce joli petit roman que je faisais près de ma fenêtre, je riais en moi-même quand parfois j'entendais ma vieille tante Angèle, dire en me voyant occupée à ma tapisserie : Est-elle sérieuse, cette enfant, elle ne pense qu'à son travail. Et en ce moment précisément mon imagination galopait vers Paris. Je me mettais l'esprit à la torture pour m'imaginer ce que vous pouviez faire, à qui vous pouviez songer, je faisais des projets pour l'avenir; oui, monsieur, je nous voyais tous les deux dans la petite barque, la laissant aller au gré du courant jusqu'au moulin du foulonnier; puis nous mettions pied à terre et marchions doucement dans le pré, ma main dans votre main, foulant au pied les hautes herbes et écoutant le chant de la cigale et du grillon; voilà quels étaient mes rêves. Quels étaient les vôtres? Vous seriez bien en peine de me répondre.

— Je pensais à vous, rien qu'à vous.

— Ce n'est pas vrai; et pourtant ce que vous me dites me fait plaisir; j'aime à être trompée.

— Tu ne le seras jamais par moi, Jeanne, dit

Emile qui, oubliant sa témérité, serra la jeune fille contre son cœur.

En ce moment les parents détournaient l'allée. Jeanne, honteuse d'être surprise dans cette douce étreinte, se dégagea des bras d'Emile et courut se réfugier dans ceux de madame de Létang. Les deux pères qui avaient tout vu, ne voulant pas paraître s'être aperçus de ce qui venait de se passer, semblaient plongés dans une conversation excessivement importante.

— Qu'as-tu, Jeanne ? demanda madame de Létang.

— Il me disait qu'il n'aimerait que moi, faut-il le croire ?

— Mon père, dit Emile, vous combleriez tous mes vœux, si vous pouviez obtenir de M. le président Renaud son consentement à mon union avec mademoiselle Jeanne.

— Vous avez entendu le vœu de mon fils, cher président, dit M. de Létang en se tournant vers son ami. Son bonheur est entre vos mains.

Jeanne se tenait toujours la tête penchée ; ses yeux cherchaient ceux de son père.

— J'accède de grand cœur à cette demande, répondit le président ; mais j'y mets une condition d'honneur, cette condition va peut-être paraître un peu dure à Emile : c'est qu'il viendra finir son droit à Poitiers, et me promettra d'y passer les trois premières années de son mariage.

— J'accepte de grand cœur, répondit aussitôt Emile, quoiqu'il me soit bien pénible de me séparer de mon père et de ma mère.

— Allons, tu es un brave fils, dit M. de Létang, viens m'embrasser pour la peine ; je m'arrangerai avec le président pour que cet exil ne te soit pas trop cruel.

— Près de Jeanne....

— Ta précipitation à m'interrompre me prouve que tu aimes mieux ta fiancée que ton père et ta mère ; je ne t'en veux pas pour cela ; mais pourtant ne le fais pas trop voir. Si vous le voulez bien, mes amis, afin de consacrer le souvenir de cette journée, je propose d'appeler cette allée, l'allée du Serment.

C'était une innocente manie de la part de M. de Létang, que de donner des noms aux différentes parties de son habitation.

La fin de cette journée, si bien commencée, fut des plus charmantes : la joie, le bonheur régnaient dans cette maison.

A cinq heures, on fit les préparatifs pour le dé-

part ; au moment où Jeanne passait dans un cou-
loir, une bonne lui glissait dans la main un billet
en faisant en même temps un geste mystérieux
comme pour l'engager à garder le silence.

Le papier brûlait les doigts de Jeanne ; trop ob-
servée, elle ne pouvait le lire et ce fut seulement
lorsqu'elle fut rentrée à l'hôtel qu'elle put satisfaire
sa curiosité.

« Il vous a dit qu'il vous aimait ; il vous trompe ; si
vous en voulez la preuve, vous n'avez qu'à descendre, une voiture est à votre disposition, à la porte de
l'hôtel à partir de neuf heures et demie. Il vous suf-
fira de dire au cocher, rue Taitbout, et là vous pourrez acquérir la preuve qu'Emile ne vous aime pas. »

— J'irai ! dit Jeanne avec force, que le sentiment
de la jalousie étreignit au cœur, malheur à lui si
cette lettre dit vrai !

Et il ne vint pas un instant à l'idée de la jeune
fille que le fait pouvait être faux, et alors que cette
démarche inconsidérée pouvait lui être des plus funestes ! Non, elle ne songeait pas à cela, le sentiment
de la jalousie l'emportait sur tous les autres. En un
instant, en suivant les seules impulsions de son
cœur, elle pouvait nuire à sa réputation, comprometo-
tre son avenir, et faire mourir son père de douleur !

Ainsi l'œuvre ténébreuse de Dixmier commençait ; ce misérable, en deux heures, était parvenu avec ses lettres anonymes à jeter non-seulement des germes de défiance dans le cœur de Jeanne, mais encore à transformer son caractère. C'était une de ces natures d'élite qu'un manque d'égard blesse plus qu'une infamie. Pour elle, elle voulait s'assurer ou que celui qui lui écrivait ces lettres était un infâme, ou qu'Emile la trahissait ; la vivacité de son imagination, et le sentiment de jalousie qui paraissait s'être emparé d'elle, ne lui permirent pas de réfléchir aux suites d'une semblable démarche.

L'exaltation à laquelle Jeanne était en proie depuis la veille, Emile s'en était parfaitement aperçu ; si son amour-propre était flatté de devenir le mari d'une jolie femme, d'un autre côté il n'était pas sans crainte sur ce que la découverte de ses intrigues avec Rose Pompon, si jamais Jeanne venait à les apprendre, pouvait produire sur une imagination aussi vive et aussi impressionnable.

—Allons, décidément, se dit-il, il me faut rompre avec cette pauvre Rose ; une bonne fille au fond, qu'il m'aurait été possible de garder avec une autre femme que Jeanne, mais je ne sais pas assez dissimuler pour pouvoir conduire deux amours de front ;

il est fâcheux que ma conversation avec Jeanne n'ait pas eu lieu hier soir, alors je ne me serais pas embarqué dans ce souper ; il m'est impossible de reculer maintenant que les invitations sont lancées ; ça ferait un cancan de tous les diables ; ma foi, après tout, ce dîner servira à deux fins, enterrer ma vie de garçon et mes amours rapides avec Rose Pompon ; cette fille est peut-être capable de tomber malade, car elle tient à moi, j'en suis sûr ; cela a même un peu chatouillé mon amour-propre quand je l'ai vue si sensible à mon courroux ; mais bah ! cette maladie n'était peut-être qu'une comédie, puisque le lendemain, la belle était sur pieds, je lui ferai un cadeau ; elle me donnera mes lettres, je lui rendrai les siennes ; puis après, je me consacre tout entier au bonheur de Jeanne.

Et, après avoir ainsi arrangé dans sa tête toutes ses petites affaires, M. de Létang fils se rendit chez son coiffeur ; de là aux Délassements-Comiques où avait lieu le troisième début de Merluchette ; il était entendu qu'une fois que la pièce, dans laquelle l'actrice improvisée jouait, serait terminée, des voitures emporteraient rue Taitbout les invités de Rose Pompon.

XIV

Le racontar du journal à la mode. — Scène avec Demarsais. — Jeanne veut sauver Emile. — Dénouement.

Pour la suite des événements nos lecteurs nous sauront gré de reproduire l'article suivant du *Moniteur de l'Alcôve :*

« Depuis longtemps nos lecteurs se plaignent du peu de pimenté de nos articles ; ils trouvent qu'ils n'en ont pas assez pour leur argent, que nous sommes de véritables fripons littéraires qui, sous un titre affriolant, écrivons des articles ineptes ; il en est parmi nos abonnés, ceux qu'on est convenu d'appeler les grincheux, qui nous écrivent des lettres de quatre pages pour nous demander très-sérieusement si nous craignons de nous faire une affaire avec les messieurs de ces dames en les ménageant comme nous le faisons.

d'appeler les grincheux, qui nous écrivent des lettres de quatre pages pour nous demander très-sérieusement, si nous craignons de nous faire une affaire avec les messieurs de ces dames en les ménageant comme nous le faisons.

« On sait assez que nous avons fait nos preuves, et notre rencontre avec le rédacteur de la *Casquette de Loutre* est encore assez récente pour que nous nous dispensions de relever les propos des abonnés grincheux.

« Aujourd'hui nous donnons une histoire d'hier toute fraîche de scandales intimes ; ma foi, tant pis si nous blessons quelques susceptibilités, nous dirons comme cet auteur célèbre, en corrigeant un peu son vers : « Fallait pas qu'ils y aillent ! »

« C'est encore chez Rose Pompon que la chose s'est passée.

« Vous me demandez, naïf abonné de Fouilly-aux-Oies, ce que c'est que Rose Pompon.

« Rose Pompon, c'est la lionne du jour ; hier, elle était la maîtresse d'un commerçant qu'elle a ruiné ; demain, elle sera la vôtre, si vous êtes assez riche pour lui faire un tapis de billets de banque, et assez bête pour vous en enamourer.

« Elle n'a encore qu'une banqueroute frauduleuse à enregistrer à son actif de fille galante ; il lui manque un suicide et un fils de famille tué en duel pour la poser tout à fait.

« Or ce jour même, et presque à la même heure, on banquetait au Casino. On célébrait le verre à la main, l'inauguration des docks-omnibus ; là se trouvait rangé autour de la table plantureusement servie, cet élément goinfre qui est chargé, de par Bacchus, de baptiser toute chose nouvelle.

« La salle du Casino offrait, ce soir-là, un coup d'œil enchanteur.

« Un plaisant (d'autres disent un invité même) a prétendu que le luxe du luminaire n'avait qu'un but : faire voir trente-six chandelles aux actionnaires.

« Aux corbeilles de fleurs naturelles posées sur les tables et dont s'échappe un doux parfum, se joint l'odeur des mets qui sature l'air ; la musique fait entendre ses mélodieux accords qu'accompagne le son argentin des fourchettes frappant sur la porcelaine ; les maîtres d'hôtel vont, affairés, autour des tables ; des plats monstres de gibier et de poisson, portés à bout de bras, passent sur les têtes des convives, dont les yeux les suivent jusque sur la table où le maître d'hôtel les attend pour les livrer ensuite en curée aux convives.

« Comment douter du succès d'une affaire lorsqu'elle se présente sous de tels auspices ; un estomac à digestion difficile pourrait seul émettre des doutes.

« Mais voici le champagne qui arrive, c'est le moment des toasts ; tout le monde est assez gris pour les entendre sans broncher.

« Le président du banquet, l'illustre..... à quoi bon vous dire son nom, les affiches de la cour d'assises vous diront le nom de cet homme dans quelques jours ; à cette heure, il est à l'apogée. Il sait que demain il va être poursuivi par la justice de son pays, et pourtant quel calme chez cet homme, dont nous ne sommes séparé que par la longueur d'une table, — car, hélas ! oui, lecteurs, nous aussi, nous étions au nombre des convives, — mais nous y étions par devoir pour prendre des notes ; cependant, avouons-le, l'attrait de la réunion, la chère exquise, les vins fins, nous ont fait prendre autre chose que des notes.

« Afin d'être maître de lui, le président n'avait pas touché à un plat, pas trempé ses lèvres dans un verre de vin ; un homme qui méprise ainsi le jus de la treille ne peut être qu'un misérable ; mais au moment où l'on va parler, son visage s'illumine, ses pommettes se colorent un peu. On va faire son éloge, il le sait ; le président du conseil de surveillance, sans respect pour sa perruque blanche et ses lunettes d'or, entonne d'une voix de castrat, une ode en l'honneur de l'illustre Demarsais ; le nom est écrit, qu'il y reste.

« Mais ici se produit un incident comique, — du reste, cela devenait trop solennel, — c'est ennuyeux qu'il faut lire, — le chef de musique, un brave croque-notes allemand, qui ne connaît pas un mot de français, prenant chaque repos de l'orateur pour la fin de son discours, donnait bravement le signal à son orchestre, jusqu'à ce que les chut ! de la salle l'avertissaient de sa méprise. Voici un exemple de ce discours :

« Messieurs, je porte un toast à M. Demarsais, à cet homme, fondateur de l'entreprise que nous inaugurons aujourd'hui. (*Repos de l'orateur.*)

L'Orchestre. — Terlintin, relintin, etc.

Les Convives. — Chut ! Silence !

L'Orateur. — Les collaborateurs ne pouvaient faire défaut à une œuvre aussi grandiose. (*Applaudissements.*)

Cette fois, le chef de musique qui, avec son orchestre, est caché derrière un rideau, reprend son fameux terlintin, relintin.

« Nous avons compté vingt-sept pauses !

« Mais il est probable qu'en ce moment vous vous demanderez, ô lecteurs ! quel rapport il peut y avoir entre le banquet du Casino et le dîner de Rose Pompon.

« Il y en a un immense ! considérable ! Un peu de patience et vous allez nous rendre cette justice, que cette longue exposition du banquet du Casino était nécessaire pour l'interprétation de ce qui va suivre.

« Je crois vous en avoir assez dit pour vous faire comprendre l'importance de ce banquet ; la fin a été ce qu'elle est toujours en pareille circonstance : on a répandu du vin sur les nappes ; on a allumé les cigares, dévalisé les corbeilles de fruits et de fleurs ; des poëtes ivres, non-seulement de leurs vers, mais encore de champagne, sont montés sur les tables pour nous dire des choses impossibles ; enfin il est neuf heures et demie ; le président s'esquive prudemment pour ne rien perdre de sa dignité, on le conduit jusqu'à la porte avec force poignées de mains ; à partir de ce moment le banquet devient une saturnale, tout ce qui devait être servi a été servi ; les convives se volent les carafons d'eau-de-vie et de liqueurs ; un panier de champagne avait été oublié dans un coin : hurrah ! ç'est la table du milieu qui l'a découvert, c'est elle qui l'emporte, mais la table d'honneur vient d'envoyer un parlementaire, elle échange six bouteilles de cognac, dont deux seulement pleines à moitié, en échange de quatre fioles de champagne.

« Une discussion s'ouvre comme à la Chambre.

« La table d'honneur est traitée de *ministérielle*, grave insulte ; celle-ci y répond par les mots *satisfaits* et *ventrus*. On se pique au jeu et, ma foi ! comme dans la salle il n'y a, en fait de personnes à jeun, que les garçons, les convives des deux tables prennent les injures au sérieux ; les fioles de champagne arrivent à la table d'honneur sous forme de projectiles.

« Cela devient tellement gai que nous prenons notre pardessus et le premier chapeau qui nous tombe sous la main ; le hasard nous sert à souhait : c'est un chapeau neuf qui nous échoit.

« Nous sommes assez heureux pour trouver un fiacre et nous arrivons chez Rose Pompon.

« La vue de jolies femmes, un peu plâtrées, il est vrai, nous repose des visages avinés et de l'orgie

bachique à laquelle notre métier de chroniqueur
nous a forcé d'assister ; on nous fait une toute petite, place entre deux amples jupes ; la conversation est dans tout son éclat, c'est-à-dire que
les femmes qui n'ont pas là leur amant en pied,
racontent les fantaisies de ces messieurs ; heureusement que les deux jupes sous lesquelles nous sommes enfoui, nous permettent de déguiser notre embarras et de cacher notre rougeur.

« Merluchette qui a le vin causeur, soutient qu'elle
n'aime qu'un homme, c'est le vacher de son père ;
le vicomte, successeur du vacher, rit aux éclats,
comme s'il trouvait cela très-drôle, tandis que sous
la table il marche sur le pied de son ingénue pour
tâcher de la faire taire ; ce détail de dessous la table nous fut révélé par Merluchette elle-même.

« — Tu as beau me marcher sur le pied, je dis
ce que je pense, voilà ! Si tu n'es pas content, vas
en chercher une autre.

« Cette apostrophe produisit son effet, et, tandis
que le vicomte demande du champagne pour noyer
sa déconvenue, et qu'un éclat de rire roule d'une
extrémité de la table à l'autre, un singulier bruit se
produit dans l'antichambre.

« Mais non, mon oreille ne me trompe pas, c'est

bién la voix de Demarsais, de Demarsais que j'ai quitté montant en voiture au milieu d'ovations, que peut-il venir faire ici ? J'examine Rose Pompon, qui, comme moi, a reconnu la voix ; elle n'a pas bronché ; le petit Mimile, c'est le nom du successeur de Demarsais, sommeille à demi.

« — Qui diable vient à cette heure? se demandent les hommes.

« — Est-ce ton ancien qui vient te faire une scène? demandent les femmes à Rose Pompon.

« — Un créancier?

« — J'attends un monsieur qui vient me chercher pour aller en Belgique.

« — Ah ! bah !

« — Émile, ta femme qui part en Belgique.

Mais Émile soulève sa tête alourdie et promène un regard hébété sur les convives.

« — Il est gentil, dit Merluchette ; c'est dommage qu'il ne sache pas boire !

« — Mais laissez donc entrer, dit Rose Pompon aux domestiques.

« — Certainement, dit le vicomte de Merluchette, en nous serrant un peu, on trouvera bien moyen de faire une place à ce monsieur.

« — Du tout, du tout, dit Rose Pompon, s'il a
à me parler, il me parlera debout.

« Enfin la porte s'ouvre et le monsieur qui
fait du tapage entre : c'est Demarsais, le président
du banquet auquel nous venons d'assister ; Demarsais, l'amant de Rose Pompon ; mais cette fois il est
en costume de voyage ; il ne lui manque à la main
que le sac de nuit et sur le bras la couverture tra-
ditionnelle pour être complet ; il a dû laisser cela
dans l'antichambre.

« — Je ne m'attendais pas à vous trouver en si
grande compagnie, dit le nouveau venu, un peu décontenancé de voir tout ce monde au visage allumé.

« — C'est une surprise que je vous réservais, mon
cher. J'ai réfléchi, je ne peux pas vous suivre, vrai,
je reste ; j'ai Mimile qui vous remplacera avec avantage... Bon voyage !

« La tête de ce monsieur était à peindre ; la stupéfaction, l'ébahissement, ces mots-là ne sauraient
représenter que faiblement l'ébahissement, l'épa-
tement, — le mot est lâché, tant pis pour les pu-
ristes, — qui se montraient sur son visage en entendant la déclaration de Rose Pompon ; je crois
que si la largeur de la table ne les eût pas séparés,
l'amant évincé eût étranglé la courtisane.

16.

« — C'est bien ! dit-il, demeurez ; seulement vous avez quelque chose à me remettre.

« — Parlez plus haut ! cria Rose Pompon.

« — Vous avez cent mille francs à moi, misérable, entendez-vous ?

« — Oh ! quel pingre ! crièrent les femmes.

« — Cent mille quoi ?

« — Cent mille francs, répéta Demarsais avec un étranglement dans la voix.

« Cet homme, malgré notre peu de sympathie pour lui, nous faisait mal ; car à l'instant, nous venions de comprendre qu'il avait dû placer chez cette fille le produit de ses escroqueries et qu'à la veille de fuir, il venait les lui réclamer.

« — Je vous ai donné mon cœur, vous m'avez donné votre argent, nous sommes quittes.

« — Mais ton cœur et le reste n'ont jamais été cotés à un si haut prix, dit Merluchette à Rose Pompon, tu veux nous la faire à l'oseille !

« — Mais ces cent mille francs, tu me les as volés, hurla le commerçant, tu m'as ruiné.

« — Pas d'insultes ! monsieur, dit un convive qui, dit-on, a son couvert mis chez Rose Pompon deux fois par semaine ; oubliez-vous que vous parlez à une femme ?

« — Oui! oui! des excuses! crièrent toutes les drôlesses.

.« — Des excuses à une voleuse. Des gifles, dit Demarsais qui perdait toute retenue.

« — Mais taisez-vous donc, dit Rose Pompon, quand je serai lasse d'entendre la voix de crécelle de monsieur grincer à mon oreille, j'enverrai chercher la garde, qui me débarrassera de lui. »

« L'apostrophe de Rose Pompon avait réussi ; Demarsais pâle, se soutenant à peine, promène un œil hagard sur nous tous.

« — Voilà ce qui vous attend tous, un jour, vous fils de famille! la honte, le déshonneur! Je suis obligé de fuir, mais ce qui me blesse le plus, c'est de fuir poursuivi par les sarcasmes de cette fille. Cet adolescent qui sommeille auprès d'elle, elle tuera dans son cœur l'amour et la foi dans le bien, elle lui enlèvera de l'âme toute idée de morale...

— « Veux-tu que je t'envoie chercher une robe et un rabat! dit Rose Pompon qui tenait à briser l'effet que pouvaient produire sur cet auditoire de filles et de désœuvrés de telles paroles prononcées par un homme qui allait tomber sous le coup de la loi.

— « Serpent! lui cria-t-il, d'autres se chargeront de me venger ! et il sortit terrible.

« Ah ! pour le coup, cet homme frappé de ridicule en entrant nous fit presque peur.

« Rose dut pâlir sous son rouge ; le bruit de la porte qui se ferma violemment fit sauter sur sa chaise et réveilla à demi le petit Mimile.

« — Il faut coucher cet enfant, dit Merluchette.

« — Oui, oui, dirent les femmes.

« Et malgré ses timides protestations, le jeune homme fut enlevé, conduit dans la chambre de Rose et porté jusque sur son lit au milieu des rires et des réflexions les plus cocasses qu'on puisse imaginer.

« Décidément on s'amuse chez Rose Pompon. On y voit des banqueroutiers qui viennent y faire des réflexions morales, des fils de famille qui se conduisent comme des portefaix ; mais il y est une chose que je n'aurais jamais cru y rencontrer, c'est une jeune fille du meilleur monde venant y chercher son fiancé.

« On avait repris ses places à table ; le café, le thé, les pâtisseries sèches et les liqueurs avaient succédé sur la table aux corbeilles de fruits et aux assiettes à dessert ; la place d'Emile était demeurée vide, lorsque Rose Pompon se leva, une flûte à champagne à la main.

« Ah ! en ce moment, nous, pauvre diable à l'échine crottée, galérien en chambre, à quinze centimes la ligne, en voyant cette femme aux formes sculpturales, à l'œil brillant, et dont les moindres mouvements ont quelque chose de lascif, nous comprîmes ce qu'elle pouvait sur de jeunes imaginations ; nous comprîmes tout, et la folie de l'homme qui était devenu infâme pour elle, et la folie de cet adolescent qu'elle traînait à sa suite.

« — Je bois, dit-elle, à la fille libre, insouciante et légère, qui ne vit que pour l'amour et le plaisir !

« — Bravo...

« — A la chenille qui devient papillon ! ajouta une voix.

« Qui diable avait pu dire cela ? La voix était partie du fond de la salle à manger. Tous les regards se tournaient de ce côté : il y avait là, planté sur ses jambes, un bonhomme au nez rubicond, au ventre légèrement proéminent, au chapeau posé en casseur...

« — Ah ! çà, mais les hommes poussent donc ici ? fit observer une femme.

« — C'est Mentor, dit Rose Pompon.

« Du moment que la maîtresse de la maison ne se formalisait pas, les invités n'avaient rien à dire ; le bonhomme restait toujours planté sur ses jambes, et paraissait attendre que le silence fût rétabli pour parler.

« — Vous avez vu tout à l'heure un homme venir chercher cent mille francs, vous allez voir quelque chose de plus curieux : c'est une jeune fille qui vient réclamer son amant.

« — Ah ! la bonne charge ! cria-t-on.

« — Voyez ! dit le bonhomme, de même qu'aurait pu le dire un montreur de figurines ; il sortit et, par la porte qui lui était opposée, entra une jeune fille.

« Ce fut un véritable coup de théâtre ; tout le monde se leva de table. Assurément il devait y avoir sous jeu quelque imbroglio infâme, quelque affreuse machination.

« Cette jeune fille avait dû être amenée là par quelque moyen odieux ; la plupart des hommes le comprirent.

« — Mademoiselle, dit le vicomte de *** en s'approchant de la jeune fille, vous n'êtes pas à votre place ici ; veuillez accepter mon bras pour que je vous reconduise. .

« Merluchette voulut élever la voix ; mais le vicomte lui jeta un regard tel que celle-ci comprit qu'elle n'avait qu'à se taire, si elle ne voulait pas voir supprimer sa subvention mensuelle ; aussi rongea-t-elle son frein en silence. Qui donc a prétendu que Merluchette était sans esprit ?

« Mais la jeune inconnue repoussa doucement de la main le bras qui lui était offert.

« — Je viens ici chercher mon fiancé, dit-elle.

« — Elle est folle !

« Il paraît que Rose Pompon l'avait reconnue. Avec ce ton de suprême élégance et de profonde distinction qui appartient à ces dames, lorsqu'elles sont en proie à un accès de colère :

« — Ton fiancé, ma petite, mais il s'est si mal conduit à table que nous l'avons envoyé se coucher.

« — Je ne viens pas vous le disputer, madame, je venais seulement m'assurer s'il était chez vous, comme une lettre me l'avait appris, afin de vous le laisser tout entier... La fille du président... a le cœur trop élevé pour rien accepter de vous.

« Pour une ingénue, la réponse ne manquait pas de vigueur.

« — Tenez, le voilà, votre amant, dit Rose, en montrant M. Emile qui venait d'entrer, guidé par sa mauvaise étoile ou par le bonhomme au nez rubicond, qui paraissait jouer chez Rose Pompon le rôle de Méphistophélès.

« A cette annonce chacun s'était reculé pour faire place à M. Emile. C'était un spectacle curieux que celui de cette jeune fille.

« — Emile, voici mademoiselle Jeanne qui vient vous chercher pour vous faire coucher, lui dit Rose Pompon.

« Mais celui-ci ne parut pas comprendre ce qu'il y avait d'ironique dans cette interpellation.

« — Monsieur, dit la jeune fille en se plaçant résolûment devant Emile, le temps n'est pas assez éloigné pour que vous ne puissiez vous rappeler ce que je vous disais lorsque vous me juriez de n'aimer aucune femme que moi.

« —Eh par Dieu, oui ! je me le rappelle, répondit M. Emile avec un ton régence qui obtint le plus grand succès parmi ces dames; mais vous êtes une gêneuse, qui avez la tête farcie de mauvais romans; ce soir, je tenais à faire mes adieux à ma vie de garçon, vous êtes venue follement vous jeter ici : tant pis pour vous.

« — Trahie et insultée ! s'écria-t-elle.

« — Fallait pas venir.

« — Oh ! quelle honte !

« — Ta ! ta ! en voilà des manières, dit Rose. Emile est bien cause que j'ai reçu une ovation en descendant le faubourg. Ça n'empêche pas que je le porte dans mon cœur.

« Et elle lui prit la tête à deux bras et lui embrassa les cheveux.

« L'énergie de la pauvre demoiselle ne put tenir à cette marque peu équivoque des relations qui régnaient entre Rose et M. Emile, et cette fois, acceptant le bras du vicomte..., elle sortit chancelante.

« Emile voulut la suivre ; peut-être avait-il un remords.

« — Tu sais, si tu suis cette chipie, je ne te reçois plus, dit Rose.

« — Elle a raison ! elle a raison ! crièrent les femmes. Merluchette est une oie de ne pas avoir agi de même et de laisser son amant reconduire cette mijaurée. »

« M. Emile tomba sur son siége, comme affaissé ; Rose prit une pose de femme indignée et les femmes et ce qui restait d'hommes se mirent aux fenêtres, pour saluer par un hurrah le départ du vicomte et de mademoiselle Jeanne.....

« Pour nous comme nous commencions à en avoir

assez de cette scène, nous partîmes en toute hâte, après avoir toutefois remercié la maîtresse de la maison de sa délicieuse soirée. »

Cet article du *Moniteur de l'alcóve*, dû à la plume vénale de Fouillepot, avait été payé par le baron. Le misérable était parvenu, par ses lettres, à faire faire une démarche compromettante à Jeanne.

Au moment où elle allait franchir la porte de cette maison où trônait l'infâmie, arrivait M. de Létang.

Le baron, afin de rendre sa vengeance plus complète, au moment où la jeune fille en proie à une surexcitation nerveuse se décidait, pour mettre fin aux tourments qu'elle endurait depuis le matin, à monter dans la voiture qui devait la conduire chez Rose, adressait une lettre au président Renáud.

Au moment où le commissionnaire du baron entrait dans l'hôtel, M. de Létang y arrivait également pour chercher Jeanne; le président lui avait fait dire par un domestique d'aller chercher sa fille, car il était obligé de se rendre à la chancellerie et qu'il ne tenait pas à ce qu'elle restât seule à l'hôtel.

M. de Létang fut stupéfait en apprenant que Jeanne venait de partir seule dans une voiture qui stationnait à la porte de l'hôtel depuis près d'une heure. Il se demandait où la jeune fille pouvait être allée à cette heure, lorsqu'il vit le commissionnaire tenant à la main la lettre destinée au président.

— Qui vous a remis cette lettre ? demanda-t-il au commissionnaire en l'entraînant dans la cour de l'hôtel.

Le commissionnaire hésitait à répondre. M. de Létang vit cette hésitation.

— Il y a vingt francs pour toi, si tu dis la vérité ; si tu cherches à me tromper, je te fais retirer ta plaque.

— Je fais peut-être une mauvaise action, répondit le commissionnaire, mais la commission me paraît louche ; c'est pourquoi je me décide à parler. C'est un monsieur qui m'a remis cette lettre et qui m'a dit de stationner en face l'hôtel et de n'entrer que quand j'aurais vu la voiture partir avec une demoiselle.

— C'est tout ?

— C'est tout.

M. de Létang se crut autorisé, en présence du départ inopiné de Jeanne, à briser le cachet de la lettre adressée au président.

« Votre fille est en ce moment rue Taitbout, chez mademoiselle Rose Pompon, maîtresse de

M. Emile de Létang, où se donne une fête brillante en l'honneur de cette courtisane qui, à partir de ce soir, devient la maîtresse en titre du fiancé de votre fille.

« Mademoiselle Jeanne va chez Rose Pompon avec l'intention de lui faire une scène ; si vous en doutez, prenez une voiture et venez la joindre. »

— Pas de signature. Viens avec moi, dit M. de Létang en faisant monter le commissionnaire dans sa voiture, il faut que tu me fasses connaître l'infâme qui t'a remis cette lettre. Rue Taitbout ! cria-t-il à son cocher, brûle le pavé.

Mais, quelque diligence que fît le cocher, il ne put arriver que quelques instants après la voiture qui avait conduit Jeanne.

Cette voiture, au grand regret de M. de Létang, avait disparu.

Au moment où il allait entrer dans la maison de Rose Pompon, Jeanne arrivait dans le vestibule au bras du vicomte de Lourches.

A la vue du père d'Emile, Jeanne se jeta dans ses bras en sanglottant ; la nature reprenait ses droits, la jeune fille redevenait ce qu'elle avait toujours été.

— C'est ce monsieur qui m'a protégée, dit-elle. Emile m'a repoussée.

— Le misérable ! s'écria M. de Létang qui devint affreusement pâle.

Aux fenêtres du premier, les femmes poussaient des lazzis,

— C'est là-haut qu'il est, dit-il, je vais le faire descendre.

Mais le vicomte de Lourches se jeta au-devant de M. de Létang.

— N'en faites rien, monsieur, je vous prie, par respect pour vous.

— Vous avez raison, monsieur ; vous chargez-vous de dire à mon fils que je l'attends.

— Oui, monsieur.

Jeanne tremblante s'était réfugiée au fond de la voiture.

M. de Létang était demeuré sur le trottoir, frappant de temps en temps du talon pour modérer son impatience ; les femmes lassées d'être aux fenêtres avaient fini pas se retirer.

— Déjà revenu ! dit Rose Pompon au vicomte. Je croyais que vous alliez la remettre dans les bras de l'auteur de ses jours.

Mais le vicomte, sans daigner répondre à la courtisane, s'approcha d'Emile.

— Venez, lui dit-il, il faut que vous me suiviez

pour éviter un esclandre ; votre père est en bas.

Et avant qu'Emile eût le temps de se remettre, il l'avait entraîné hors du salon.

— Mais que se passe-t-il donc ici ? dit Rose Pompon quand le vicomte fut rentré, après avoir remis Emile entre les mains de son père.

— Ce qu'il se passe, ma chère ? Il se passe que sans moi, vous vous mettiez une vilaine affaire sur les bras, détournement de mineur...

— Qu'est-ce que vous dites ?

— Emile n'est pas majeur.

— Comment ! pas majeur !

— Fais attention, ma chère, dit une jeune fille, il y a la grande, tu sais, celle qu'on appelait la Tête-de-Cheval, elle a été condamnée à six mois de prison pour s'être laissé attendrir par un mineur.

— Mais c'est une indignité ! s'écrièrent ces dames.

— Il n'y a plus de justice. Où allons-nous, messieurs les gendarmes, où allons-nous ?

La stupéfaction de Rose Pompon était des plus comiques.

— Comprenez-vous ce Casimir que j'avais envoyé aux renseignements et qui avait oublié de s'informer de l'âge de ce petit bonhomme. Qu'elle l'emporte, son bébé! cette fille, si c'est son idée. Ça n'empêche pas qu'elle a du toupet!

Après cette sortie, la courtisane, pour faire croire qu'elle n'avait aucun regret de ce qui lui était arrivé, commanda un punch monstre et fit éteindre les bougies pour rendre la chose plus drôle, mais réellement pour qu'on ne pût lire sur son visage les traces de son dépit.

La voiture de M. de Létang roula en silence ; Emile faisait assez l'effet d'un écolier pris en défaut.

— Le souvenir de ce qui s'est passé ce soir doit être enseveli au fond de votre cœur, dit M. de Létang à Jeanne et à son fils, en descendant de voiture. Si jamais M. Renaud arrivait à savoir ce qui est arrivé, il serait capable d'en mourir de douleur.

Jeanne et Emile demeurèrent muets. La jeune fille avait peine à se soutenir; il lui fallut l'aide de M. de Létang pour gravir l'escalier ; Emile, après ce qui était arrivé, n'osait avec raison offrir l'appui de son bras.

— Qu'y a-t-il donc ? demanda madame de Létang avec inquiétude, en voyant l'abattement de Jeanne.

— La chose la plus singulière qu'on puisse imaginer. Cette petite folle qui croyait qu'il était survenu un accident à son père. Aussi, pour la peine, tu vas la faire coucher ici... Va chercher un médecin, dit-il bas à son fils, c'est bien le moins que tu fasses.

Celui-ci sortit au plus vite pour s'acquitter de sa commission.

Madame de Létang était trop troublée de l'état de Jeanne pour interroger son mari. Mais bientôt ce qu'on avait pris pour une indisposition chez la jeune fille, prit des proportions inquiétantes. A minuit, la maison de M. de Létang était des plus tristes ; le président était au désespoir.

Le médecin craignit un transport au cerveau..

— Vous êtes tous des enfants ! dit M. de Létang; laissez-moi seul avec le docteur auprès de Jeanne, vos larmes font trop d'impression sur son imagination ; retirez-vous, je réponds d'elle.

Le docteur comprit au regard que lui lançait M. de Létang qu'il y avait au fond de cette maladie, qui se déclarait si vite, une sorte de mystère et qu'on ne tenait pas à le faire connaître au père de Jeanne; il appuya donc vivement la proposition de M. de Létang. Le lendemain matin, Jeanne allait beaucoup mieux et M. de Létang fut proclamé un grand médecin; il lui avait suffi d'assurer à la jeune fille qu'Emile partirait le lendemain même pour

Poitiers, pour obtenir ce résultat merveilleux.

— Vous voyez que j'avais raison, mon cher président, voici Jeanne guérie ; puisque vous êtes obligé de partir, vous nous la laisserez quelque temps et vous emmenerez avec vous Emile.

— Il part, dit Jeanne qui joua l'étonnement.

— Ce soir même, répondit M. de Létang qui avait obtenu de son fils ce sacrifice.

Un éclair de joie passa sur le visage de Jeanne qui ne doutait plus.

— Mon vieil ami, dit M. de Létang au président en sortant de la chambre de Jeanne, si vous tenez à la vie de votre fille, ne lui rappelez jamais la soirée d'hier.

— Que s'est-il donc passé ?

— Un acte de démence, enfanté par un misérable ; Jeanne est toujours digne de toutes nos sympathies, de tout notre amour ; mais je crois qu'à elle et à mon fils le séjour de Paris sera fatal, tant que nous n'aurons pas écrasé l'ancien forçat dont vous nous avez raconté l'histoire.

Le soir même Emile et M. Renaud partaient pour Poitiers.

On n'a pas oublié Casimir, déposé par les ordres de Rose Pompon, avec précaution, il est vrai, mais néanmoins légèrement meurtri, sur le trottoir de la rue Taitbout. La vue de sa maîtresse le narguant et son impuissance à pouvoir se venger, avaient augmenté la rage de l'ex-calicot.

Pour se calmer, il alla chez un marchand de vins de la rue du Vert-Bois, où il était sûr de trouver son ami Sonbourg, un cabotin qui avait eu le tort de prendre la caisse de son directeur et qui avait dû aller à Mazas expier ce méfait.

Casimir voulait épancher ses peines dans le sein de ce digne ami. Il le trouva en effet et commanda une bouteille.

La bouteille fut servie et vidée assez lestement; Casimir en demanda une seconde et, dans l'intervalle qu'ils mirent à boire les deux bouteilles, Casimir raconta ses aventures avec Rose Pompon.

— Je suis peiné pour toi que tu aies rompu avec cette fille, car je me suis laissé dire qu'elle avait de l'argent; or, un homme comme toi ne peut rester sous le coup d'un tel affront. On est maître de ces femmes-là quand on leur a fait sentir le poids du talon de sa botte; me comprends-tu?

— Sans doute, sans doute; mais il y a là un gars à poil qu'elle a embauché pour faire le coup de poing...

— De quoi ! de quoi ! Avec des femmes comme ça tout est permis. Après tout, Rose Pompon est ta maîtresse, c'est ta chose. Ce qui est chez elle est à toi ; je me suis laissé dire que c'était toi qui l'avais posée dans le demi-monde.

— Sans doute, sans doute ! grâce à mon savoir-faire, elle est devenue une femme à la mode.

— Eh bien! nous allons lui demander les frais de son éducation.

— Tout ça ne me paraît pas excessivement légal.

— Mais c'est d'une limpidité de glace. Raisonnons comme doivent raisonner deux hommes sérieux. Garçon, une autre bouteille.

— Je ne demande pas mieux que de raisonner, dit avec un grand sérieux Casimir qui commençait à se griser.

— Qu'est-ce que Rose Pompon ? Ta maîtresse ? Réponds.

— Oui.

— Ce oui, je ne te l'arrache pas, il est spontané ; c'est le cri du cœur. Or, par un abus assez fréquent dans la langue française, il se trouve que dans la grammaire de l'amour, maîtresse veut dire esclave ; est-ce raisonné ?

Le plan de Sonbourg était des plus simples,

c'était d'attendre dans la mansarde de Casimir que tout le monde fût couché, pour pénétrer chez Rose Pompon, qui demeurait seule dans son appartement.

A minuit, Casimir vit de sa lucarne les invités de Rose Pompon se retirer, et une heure après, il entendit la bonne monter à sa chambre; Jean était parti une demi-heure avant.

— C'est l'instant, c'est le moment! dit Sonbourg. En scène! en scène!

Les deux hommes, afin d'amortir le bruit de leurs pas, avaient passé des chaussons de lisières par-dessus leurs bottes. Comme il y avait dans les combles une porte qui communiquait avec le grand escalier, ils n'eurent pas besoin de passer par la cour, ce qui n'eût pas été sans danger pour eux, car il leur aurait fallu passer devant le concierge.

— Passe-moi ta clef, dit Sonbourg, lorsqu'ils furent arrivés sur le carré où était situé l'appartement de la courtisane. Je crains que l'émotion te fasse trembler la main.

Sonbourg ouvrit rapidement sans bruit, et tous les deux se trouvèrent dans l'antichambre où brûlait une veilleuse.

Ils entrèrent dans la salle à manger avec les

mêmes précautions ; les traces de désordre de la soirée n'avaient pas été réparées.

Il y avait encore deux portes à franchir pour arriver jusqu'à celle de Rose Pompon. Celle-ci, qui probablement avait entendu du bruit, parut à la porte de la salle à manger en costume de nuit, un flambeau à la main ; en voyant Casimir et l'homme qui l'accompagnait, elle poussa un cri de terreur, laissa tomber le flambeau et s'enfuit.

Mais quand Casimir parvint à la rejoindre, elle avait déjà eu le temps de sonner sa bonne et le concierge ; sa résolution fut bientôt prise, ce fut de gagner du temps.

— Ma petite, ne crie pas, dit Casimir, sinon, il y aura du *rototo*.

Le bruit d'une porte qu'on ouvrait interrompit Casimir.

— C'est le concierge ! cria Casimir en apercevant l'individu qui entrait.

— A toi la fille, à moi l'homme ! cria Sonbourg, changeant subitement de ton.

Il y eut un instant de lutte, Casimir avait roulé Rose dans les couvertures de son lit. Quant à Sonbourg, il était parvenu à se rendre maître du concierge ; Casimir, qui avait bâillonné la courtisane, vint à l'aide de son complice, le concierge fut bâillonné à son tour et attaché aux bras et aux jambes.

Rose Pompon essayait de crier.

Les deux bandits étaient allés trop loin ponr reculer devant une effraction, Sonbourg, d'un coup de chenet défonça le secrétaire.

— Des billets ! s'écria-t-il.

C'était la somme volée à Demarsais par la courtisane qu'il venait de découvrir.

— Part à deux ! fit Casimir.

Mais un cri terrible se fit entendre.

C'était la bonne qui venait d'arriver à son tour dans l'appartement et qui venait d'apercevoir les deux voleurs et le concierge couché à terre.

— Empêche-la de répandre l'alarme, cria Sonbourg à Casimir, car il était trop occupé à fouiller le secrétaire pour s'occuper de cela.

Mais la servante, avec une présence d'esprit peu commune, avait fermé brusquement la porte et donné un tour de clef; puis elle se mit à pousser des cris :

— Au feu, au feu ! qui retentirent désagréablement aux oreilles des malfaiteurs.

C'était une fille d'esprit; elle savait bien qu'en appelant au meurtre, personne ne viendrait; car du temps de Casimir ce cri ,avait retenti plusieurs fois inutilement.

— La porte nous est fermée, dit Sonbourg, à la fenêtre !

— Es-tu fou ! lui dit Casimir éperdu.

— Préfères-tu te faire prendre en essayant de forcer la porte ? et tout en disant cela il avait ouvert la croisée et se tenait sur l'appui. Une, deux, dit-il, au petit bonheur, et se repliant sur lui-même il se laissa tomber.

Casimir le vit se relever et courir dans la direction du boulevard. Un bruit de voix qu'il entendit dans l'appartement lui fit comprendre qu'il était perdu, et il se précipita à son tour par la fenêtre ; mais il fit cela sans méthode, il rebondit sur le trottoir et alla tomber au milieu de la rue, une voiture qui arrivait au grand trot lui passa sur le corps et acheva le misérable.

Ainsi finit Casimir, mieux encore valait pour lui cette mort que la vie de prison qui lui était réservée dans l'avenir.

EPILOGUE

—

Comme on le pense bien, les aventures de Rose Pompon ne s'arrêtent pas aux derniers événements que nous venons d'esquisser.

La carrière de cette courtisane eut encore bien des phases agitées que nous retracerons dans un prochain volume qui s'appellera une *Fille de Théâtre* et où l'on retrouvera la plupart des personnages que nous avons mis en scène, ainsi que ces nombreux types que l'on retrouve dans la vie de théâtre.

Nous ne retrouverons pas Emile de Létang, qui a épousé Jeanne, et qui comprend maintenant que ce n'est que dans un intérieur où l'amour règne en maître qu'on trouve le vrai bonheur.

Paris-Vaugirard. — Typographie N. Blanpain, 7, rue Jeanne.

res de Rose
étroitement

ne sont
s dans un
Fille de
des pei-
atique que
de la vie

si j'a
ul (;
ger

www.ingramcontent.com/pod-product-compliance
Ingram Content Group UK Ltd.
Pitfield, Milton Keynes, MK11 3LW, UK
UKHW021508090726
13657UKWH00001B/101